50過ぎたら、住まいは安全、そうじは要領

沖 幸子

祥伝社

プロローグ

人生はよく旅にたとえられることがあります。

苦あり楽あり。笑ったり、泣いたり、怒ったり、驚いたり……旅同様、人生にはいろいろと予期せぬ出来事が起こるものです。

今回、私たちの生活に急に舞い降りてきた新型コロナ禍《か》も、不安や恐怖をもたらしました。でもその反面、地に足のついた暮らし方について、真面目に〝考える機会〟を与えてくれたような気もします。

数カ月の巣ごもり生活のなかで、得体の知れない〝ウイルスとの共存〟という新しい生活様式が生まれ、結果として毎日の暮らしに工夫を凝《こ》らす人が増えました。

仕事やレジャーで外向きだった今までと違い、〝ステイホーム〟という、ゆったりとした時間ができたことで、家のなかで家族と過ごしたり、家事に関心を持ったり、庭仕事やまわりの自然との新しい出会いを楽しんだりと、「個人の豊かな生活とは何か」を考えることが多くなったのではないでしょうか。

ただその反面、これまで多くの人が外向きであっただけに、家を快適にする住まい方について、どうすればよいのか戸惑う人も少なくないのではないかと感じています。

実際、家がもので散乱していたり、ホコリが溜《た》まっていたり……と増える自宅時間に対して住環境が居心地の悪いものになっている人、片付いていない家でつまずいて怪我《けが》をする中高年やシニアの世代の方は、多いのではないでしょうか。

また、その反対に新型コロナウイルス対策や家のそうじに神経質になりすぎるあまり、疲れ果てて元気をなくしている人も多いように見受けられます。

これからの社会は、慌《あわただ》しさに流されるばかりの状態から立ち止まり、「ほどほど」の大切さや「心に豊かさのある生活」といった、日本人になじむものを上手に取り入れていく必要がある気がします。

最近もある雑誌で、感染症専門のドイツの学者さんが、新型コロナ禍でも重症者の少ない日本人が持っている高い衛生意識について取り上げていました。

きれい好きな日本人の暮らし――考えてみれば、昔の日本人にとって、清潔にシンプルに暮らし住まう心豊かな習慣というものは、当たり前でした。今は失いつつあるもののですが、もとはといえば自然と身についていたものだったのです。

だからこそ、本書では暮らしの基本に立ち返り、そうじの仕方や住まい方を見つめ直すうえで、簡単にやれること、負担なく楽しくできること、海外の習慣だけれど日本人にも合うおすすめのもの等々、私なりに実践してきたことを紹介してみたいと思います。

できることを取り入れていただき、ご自分なりの安全で安心な住まい方、そして心豊かで快適な暮らしを創り出していただければ幸いです。

目次

プロローグ　3

1章　要領のよいそうじの工夫　27

潔癖主義はやめると決める　28
そうじは〝ながら〟が一番　32

瞬間そうじで負担減　35
住まいのそうじスケジュール　39
要領のよいそうじの基本　46
客の〝目線と動線〟をシミュレーション　52
一カ所集中で気持ちも体もラクに　55
身近な道具を使う簡単そうじ　57
床をきれいにするちょっとした知恵　65
日本の伝統的そうじの心得　71
換気を心がけ、清潔に住む　76
ときには人の手も借りる　78

2章 安全・安心に住まう 81
理想的平安な暮らし 82
わが家で過ごす時間を大切に 84
部屋の変化を楽しむ 85
部屋のなかの危険から身を守る！ 87
道具を用いて、エコで安全な住まいに 93
暮らしを快適にする昔の知恵 96
3章 ものとの〝よい関係〟で快適に過ごす 101
適度なものと心地よく暮らす 102

ものとのよい関係　104
捨てる前に使いまわしてみる　105
〝捨てる・捨てない〟を考えない暮らし術　107
ものにあふれている部屋のほうが落ち着きますか　109
ものが多いとそうじが嫌いになる　111
収納とそうじの深い関係　113
〝隠す収納〟と〝見せる収納〟　114
ものを処分するルール　116
空きスペースを意識的に作る　118
スペースに合わせてものを持つ　119
70％収納を目指す　121
70％収納は、取り出しやすく、しまいやすい　122
クローゼット＆押し入れの70％収納　124

冷蔵庫の70％収納　125
冷蔵庫の70％収納は経済的にも優しい　128
食器棚にも工夫を　130
キッチンは暮らしの鏡　131
キッチンツールは、〝立てて〟〝まとめて〟　132
ムダのない衣類の収納　134
ものが多いと暮らしが過不足に！　135
ものを整理するときの基準　137
一カ月何も買わない　141
〝定量〟〝定番〟〝定位置〟　144
ものに役割を与える　151
家事の定量化　153
心地いい玄関は暮らしの窓　157

靴とも、いい関係を紡ぐ　159
靴の衝動買いは絶対しません　160
ものと時間の関係を考える　161
思い出のあるもの　163

4章　ストレスを軽くするさりげない知恵　165

暮らしのなかにある、ちょっとしたイライラ・トラブルを解消しましょう　166
針に糸が通らないときには　167
新聞や本の文字が読みづらくなったら　168
眠りが浅いと感じた場合　169
ドアや引き出しが動かしにくいときの対処　170

「必要なものがすぐ見つからない」をなくすには 171
ものが見えづらいなら 172
騒音が気になって仕方がない場合 172
匂いのマネジメントが必要なとき 173
面倒な庭の掃きそうじのコツ 175
足元が寒いときにするといいこと 176
クローゼットやタンスの消臭がしたいとき 177
テーブルの変色が気になったら 178
包み紙のセロハンテープがうまく剝がれないなら 180
切手を剝がしたいとき 181
鍵穴がまわりにくいなら、この道具 182
瓶のふたが開かずに困ったら 182
畳に白い粉をこぼした場合 184

古い写真がくっついてしまった場合　184
縫い針がさびてしまったら　185
ろうそくは使う前にひと手間を　186
切り花を長持ちさせたいなら　187
手荒れに悩んでいる場合　188
唇が荒れるときには　189
風邪の予防には　190
心身を癒やしてくれる半身浴　191
薬草風呂のすすめ　192
体を温める野菜と冷やす野菜　195
果物を甘くするりんご　196
体も心もナチュラルケアで　197
切り傷にはお茶の葉を　197

やけどの応急手当　199
青あざやたんこぶに砂糖　200
口内炎には米酢　201
目の疲れを感じたら　202
疲れたときは玄米茶　203
蚊に刺されにくいドクダミ茶　203
相性の悪い食べ合わせ　204
相性のよい食べ合わせ　205
アロエは便利な万能薬　206
弱った胃腸には大根の葉　208
お肌の手入れに蒸しタオル　208
肌荒れケアにはスイカ　209
不安を和らげ、解消する　211

老後のお金の問題への向き合い方　212
老後の健康不安への向き合い方　214
心配を和らげる方法　216

エピローグ　220

写真　半田広徳
スタイリング　沖幸子
デザイン　藤崎良嗣　五十嵐久美恵 pond inc.
イラスト　高橋ポルチーナ
DTP　キャップス

部屋の入口にあるドアは意外と目に入るもの。ドアノブが磨かれているだけでも、清潔感が広がり、見ている自分の心の満足感にもつながります

そうじは一度にたくさんやらないこと。窓のそうじも、雨上がりに汚れがゆるんで浮き上がっているときに、「一面だけ」と決めてさっと拭けば、負担になりません

お風呂そうじは入浴時に。湯気が立ち込めて、汚れがゆるんでいるうちに、熱いシャワーを天井から壁に向かってかけておけば、簡単にきれいになります

汚れたとき、気になったときは“すぐ”が結果的にラク。“タオルぞうきん”を身近に忍ばせておくと、気分も身体も軽く、さっと拭きとれます

洗面所はお客が使うことも多い場所。ドアノブ同様、蛇口も拭いてピカピカにしておくと、それだけできれいな印象が際立ち、心も軽くなります

ガスレンジの汚れも、料理中に“すぐ”拭いてしまうのが吉。ケトルも余熱が残っているうちに水拭きするとさっときれいに

中高年になると、家のなかでものにつまずいて怪我をすることがあるもの。床になるべくものを置かないことが、安全な住まいづくりのポイントです

来客のある際は、ちょっとした野草を一輪挿しにするだけでも季節感の演出に。部屋の
生活臭が気になる場合は、コーヒーを淹れて待てば、おもてなしにもなって一石二鳥

晴れの日用の食器は活躍の場がなかなかないので、あえて常に使うことに。普段使いと来客用のものを同じにすることで、食器の数も三分の一に減って、収納もラクに

空間に対して、ものを100％置くと風通しが悪くなるもの。
見えるものは、本当に好きなものに絞ってコーナーで楽しめば、
そうじや管理のしやすい部屋になります

1章

要領のよい
そうじの工夫

潔癖主義はやめると決める

何事もやりすぎないこと。

人生は、すべてにおいて少しのゆとりを持って生きたほうが心も体もラクです。

家じゅうのそうじもあれこれ考えてやり出すと、終わりなき戦いになります。体も心も疲れてそうじ嫌いに拍車《はくしゃ》がかかりますし、結果的にそうじを放棄《ほうき》することになって、部屋がますます汚れることにもなります。

だから、最初に決めることは、完璧主義をやめること。

そうじも気合を入れて一気にやろうとする人がいますが、あまり上手な方法とはいえません。逆に、時間内でやれることを決め、汚れやホコリは溜めず、あとは気にしないことが、のんびりと快適に過ごせるようになるコツです。

この心構えは、今回の得体の知れない新型ウイルス対策にしても同じです。

基本的なことをきちんとやれば、あとはコロナと共存しながら自然体で生きていくしかありません。

「コロナウイルスに打ち勝つにはウイルス駆除《くじょ》が一番！」とばかりに、帰宅したら、玄関のビニール袋に着ていた衣類をすべて入れ、シャワーを浴びる。

玄関まわりやマンションの共有部分、エレベーター内にもスプレーをかける。

宅配便のお兄さんとはドア越しに話し、帰ったあとは玄関まわりをまた除菌。

段ボールや荷物の紐《ひも》や手提《てさ》げ部分にも消毒スプレーをかけてから開ける。

鉄道やバスなどの公共交通機関には乗らない。

食事はレストランでとらずに、すべてテイクアウト。

そこまでやらなくてもいいのに……とまだまだありますが、これでは心身が疲れ切ってしまいます。

実際私のまわりにも、そうしたことに気を張りすぎて不眠症になってしまった一人暮らしの知人がいました。真面目で几帳面《きちょうめん》な性格の人は、そこそこ、ほどほどにしないと、心にも体にも悪影響です。

テレビの情報に翻弄《ほんろう》されて、「完璧に清潔にしなくてはコロナに感染する」と思い込みすぎると、不安と恐怖がエンドレスに押し寄せ、かえって自分を追い込み苦しめてしまう。物事の真実を見つめず、ある程度の余裕を持たない完璧主義は、落ち着いてきちんと暮らすことを妨《さまた》げるといっていいでしょう。

これでは、木を見て森を見ず、です。

「コロナ禍で大変だからウイルスを駆除して清潔にしなくては」と〝しなければいけない〟ことばかりを見てしまい、〝今できること〟を見ていない。だから、自覚のないうちに視野が狭くなって、いつの間にかエネルギーが枯れてしまう。

私も知人が心配になり、「気分転換にもなるからそうじ機かけをやってみたら?」と伝えてみたものの、知人はすでに疲れ切っていて、買い込んだ食品やものが床《ゆか》に散乱。そうじ機をかけるのもひと苦労の状態でした。

もともと知人はきれい好きだったのに、です。

「衛生が一番」と潔癖《けっぺき》に挑戦し続けているうちに、灯台もと暗しになってしまった。

コロナ対策ももちろん大事ですが、現実のホコリまみれの部屋こそ、そして今のあなたの心のなかこそ、まずはクリーンにしたほうがいいのです。

ですから、今こそ情報に振りまわされず、〝事実〟を見て、生活の足元を見つめ直すこと。つまり、むやみに恐れず、正しく恐れることです。

私自身、コロナの予防対策は、自分のなかで線引きをあらかじめ決めました。

石けんでの手洗いとぬるま湯でのうがいはこれまでよりも回数を増やし、買いものは手短に済ませ、人混みのなかではマスクをつけ、密なる会合にはなるべく出ず、外食は減らし、飲食はなるべく自宅でする。

どうしても必要な外食の場合は、屋外か換気の行き届いた信用できる場所を選び、マスクは食べるときだけ外し、食事が終わったら、マスクをつけて会話をする。

簡単な取材などは、メールや電話、ｚｏｏｍで済ませる。

でも自分で決めた範囲までを押さえたら、それ以上は執着しない。

無理を感じるときは、ハードルを少し下げる。

あとは、部屋の換気をして、要領を意識しながら、適度なそうじを行なえばいい。

そうじのポイントはこれから述べていきますが、好き嫌いにかかわらず、そうじはコロナ対策と似ていて、ポイントを押さえれば、まあまあ快適に安心して暮らせるもの。

私自身、そう割り切っています。

そうじは〝ながら〟が一番

では、どんなそうじの仕方がいいのかというと、私のおすすめは〝ながらそうじ〟です。他のことをしているついでに〝ながら〟気分でそうじをする。そうじが億劫《おっくう》な人でも無理なくできる習慣です。

それにこの習慣は、年を重ねると、疲れることなく、いつの間にか家じゅうがほどほどにきれいになっているので、とても助かります。

何事も一度に全部をやるのは、面倒くさい気分になるもの。何よりもまず大変です。だから、何かのついでに拭《ふ》いたり、掃《は》いたり、磨いたりする。その動作を手に覚え込ませてしまいましょう。

私も忙しかった頃をこの〝ながらそうじ〟で乗り切りました。若い頃からこの習慣づけをしていたので、今でも手が覚えています。

おかげで、年を重ねた現在でも、負担にならずにそうじの習慣を楽しめています。
では、まずはどんな〝ながら〟があるか、私が実践している一例をご紹介しましょう。

＊歯磨き×洗面台そうじ
歯を磨き〝ながら〟、洗面台の水滴や鏡の汚れをさっと拭いてしまいます。
水アカ、湯アカも溜まりにくく、そうじも簡単でラク。
そうじをしている意識なしで、いつも洗面台まわりがきれいです。

＊トイレ×トイレそうじ
トイレは自分が使ったあとに、柄付きタワシでこすっておくだけ。
目に見えない汚れがきれいになって、いつも表面はツルツルです。
余分な汚れもつきにくくなります。

＊料理×キッチンそうじ
キッチンでは、料理とそうじはセットです。

日本でも昔の主婦は、ご飯を炊《た》いたりおかずを煮たお釜や鍋は、用が済むとすぐきれいにタワシで磨いたり、洗ったりしてしまう習慣がありました。

どこの家でもお母さんの台所には、いつもきれいに手入れをした調理器具が並び、次の出番を待っていたものです。

また、キッチンの〝ながら〟は和食だけではありません。フライパン料理のあとは必ずレンジ台まわりをタオルで拭いておくと、飛び散ったばかりの新しい油煙《ゆえん》や油汚れが簡単にとれます。

他にも、お湯を沸かしたケトルは、まだ余熱が残っている10分以内を目安に、使い古しのタオルをぞうきんにした〝タオルぞうきん〟で水拭きしてしまいましょう。

こうすれば、こびりつき汚れをゴシゴシ磨くような悪戦苦闘をする必要もありません。

＊ 入浴×お風呂そうじ

面倒なバスルームのそうじは、お風呂に入った際が手入れどき。

湯気が立ち込めて、汚れがゆるんで浮き上がっているうちに、熱いシャワーを天井から壁に向かってかけておけば、簡単にきれいになります。

これは以前、テレビでも紹介した際に、お風呂そうじが簡単！　と話題になりました。

また、バスタブは、お湯を抜きながら、残り湯を使ってタオルでこすれば、湯アカや水アカもするりと落ちます。

あとは、窓を開けたり、換気扇をまわしたり、湿気対策の換気をしっかり行なえば〇Kです。


こんなふうに、〝ながら〟を意識しながらそうじをすると、そうじをしている意識もないままに、家のなかがきれいになっていきます。

私が挙げた例以外にも、自分なりの〝ながらそうじ〟を発明してみると、そうじも楽しくなります。

瞬間そうじで負担減

部屋をきれいに保つには、〝汚さない努力〟と〝汚れたらすぐ〟の精神。

先程の〝ながらそうじ〟にもつながりますが、「塵《ちり》のうち」にきれいにするのが私のモットーです。塵も積もれば山となり、片付けるのに労力もストレスも溜まりますから。

では、ここでもポイントをご紹介しましょう。

＊汚れたとき、気になったときは〝すぐ〟

この考えは、とくに油汚れに効果があります。

〝ながら〟でも述べたように、ガスレンジ台は料理をしたあとは、必ずぬれたタオルで拭いてしまいましょう。煮物のあとの煮こぼれは放置すれば、頑固《がんこ》で何倍もとれにくい汚れとなってしまうことを覚えておくことです。

ちなみに、これはオーブンにおいても同様。以前、休職してドイツに遊学していた頃、友人がクリスマスの七面鳥を焼いてくれたことがあったのですが、日本に劣らずきれい好きの国・ドイツだけあって、ジュージューとオーブン内にこぼれ出る油を拭きながらの調理で、焼き上がったあとのオーブンそうじは、ほとんどやることもないほど。さすが合理的で要領がいい！　と感心しました。

また、キッチンまわり以外でも、床にも〝すぐ〟の意識は大事です。

コロナ対策にも清潔な床は大切ですが、これもあえて時間をとってやるよりも、ホコリや汚れに気がついたら、さっとひと拭き。

汚れた場所を拭くだけなら、時間も手間もかかりません。

さらにいえば、必要な道具を身近に置いておき、すぐ取れるようにすれば、気がついたときに気分も身体もラクに動きます。

私は、目立たない椅子《いす》の脚に〝タオルぞうきん〟を忍ばせているので、それこそすぐにひと拭きできます。

無意識のうちにやりすぎて疲れてしまわないように、気になって始めても最大15分までと時間を決めておきましょう。

＊汚れは見える前に

そうじは、ラクに、スピーディに、簡単に。

この手際のよさは、仕事にも家事にもどんなことにも通じるような気がします。

その究極が、〝見える前そうじ〟。

汚れは〝見えるもの〟と〝見えないもの〟があるのをご存じですか。
見えるようになったときは、すでに厄介《やっかい》な汚れになりがち。
だから、汚れが見えないうちにさっと拭いてしまう。手間も時間もかかりません。

ドイツに住んでいた頃、まわりのドイツ人が計画的に時間をかけず合理的なそうじをするのに感動しましたが、彼女たちは何よりも汚れる前のそうじをいつも心がけていました。

もちろん、軽い汚れのうちなら、時間も手間もかからないことを熟知しているのです。

ちなみにドイツでは、洗剤や消臭剤を片手に、神経質にそうじにばかり時間をかける人は、〝そうじ魔〟と呼ばれて、かえって嫌われます。
いつも計画的に上手にそうじをし、誰が見ても、住まいを清潔に美しく保っている人が尊敬されるようです。

この要領のよさは、日本人も見習うところがたくさんあるでしょう。

住まいのそうじスケジュール

先程の〝すぐ〟を意識した瞬間そうじ。

講演会などでそのお話をすると好評なのですが、なかには「やり始めると、ちょっとのつもりが止まらなくて、疲れてしまう」「気づいたら一日の大半をかけてしまう」なんて声も聞きます。これでは、結局そうじが負担になってしまいます。

そこで、心地よいそうじのペースを保つためにも、場所と時間を決めた簡単なそうじスケジュールがあると便利です。

それにスケジュールが決まっていれば、そうじ嫌いな人であっても、住まいを清潔に保つための一応の目安ができます。

あとは、知らず知らずのうちに、その流れを頭と体が覚えてしまえばいいのです。

中高年になったら、率先してできる範囲を調整し、やりたくないときはやりすぎず、必要のあるときは体を動かす軽い体操のような感じでやるのもいいでしょう。

ここでは、〝毎日やるそうじ〟〝タイミングを見てやるそうじ〟に分類してご説明します。

先程〝ながら〟で登場したそうじも頻度を説明するために再登場しています。

ちなみに、〝毎日やるそうじ〟は項目がたくさんあるように見えますが、短いものは1分、長いものでも5~10分程度でできてしまうことです。

①毎日やるそうじ

＊部屋の換気

朝一番、どんなときでも、部屋の換気は怠《おこた》らずに。

窓を開け、新鮮な空気を部屋に取り入れることは何よりも大事。

今日一日を元気で過ごすため、そして部屋がよどんだ空気で汚れないためです。

＊ベッドまわり

ベッドまわりのゴミをチェックし、枕カバーやシーツをさっと整えます。

ベッドまわりのリネンの交換は、週何回と決めておくとリズムが生まれます。

＊水まわり

手や顔を洗ったあとの水しぶきは、すぐ拭きます。
ついでに蛇口《じゃぐち》や鏡を拭いておきます。
すぐ拭けば、湯アカや水アカがつきにくくなるのです。
これは、前にも述べた〝ながらそうじ〟や〝すぐ〟の心構えに通じる部分です。
また、使ったタオルは、形を整え、元の場所にかけ直します。
タオルの交換は、私は一日おき、あるいは来客時と決めています。

＊トイレ

トイレは、一日一回、私が使ったときに、柄付きブラシでこすっておきます。
かかる時間は、ほんの1分程度。
見えない汚れがとれ、水アカ、湯アカがつきにくくなります。

＊浴室の換気

浴室は、とくに湿気対策の換気が大切です。

使用前後から換気扇をまわし、使ったあとも窓を開け、一晩くらいは換気扇をまわして、浴室内を乾燥させます。

また、入浴後にはお湯を抜きながらバスタブのなかをタオルで拭いてしまいましょう。天井や壁などは、熱いシャワーをかけ、石けんカスなど飛び散った汚れを流します。

＊玄関まわり

玄関まわりの汚れをチェックし、ホコリを掃き出します。

出かけるときは、靴《くつ》をそろえ、帰宅時に備えます。

靴が乱雑に転がっている玄関は、帰宅後の疲れが倍増しませんか。

お出かけ前に、さっと整える習慣づけをしてしまいましょう。

＊キッチンまわり

キッチンの調理台、テーブルをぬれたタオルで拭きます。

見た目がきれいだったとしても、料理のあとは、レンジ台まわりを必ず水拭きをしておきます。

＊外まわり

外まわりは一日一回、運動を兼ねて、簡単に掃きます。

きれいな家のまわりには、外部の人が不用意にたばこの吸い殻《がら》や紙くずを捨てにくくなるようです。

以前、外まわりを掃いていると、見知らぬ老婦人に、「どんな方がお住まいなのか気になって、いつもきれいなお家を外から眺めて楽しませていただいております」とお礼をいわれて恐縮したことがあります。以来、外まわりの掃きそうじへのモチベーションもアップしました。そうじ嫌いな人には、こういった他人の目を意識することも意外と悪くありません。

自分のためはもちろんですが、他人のためにも、窓ガラスを磨き、窓辺に花を飾ったり、芝生の草取りをすると思えば、長続きもしやすくなります。

＊ そうじ機かけ

そうじ機かけは、一度に全室しようとするのはやめましょう。疲れてしまいます。時間を決め、一日にやる場所は一カ所に限ります。

今日は居間、明日は寝室、明後日はキッチン……という具合です。

よく使う部屋を中心に考えましょう。

②タイミングを見てやるそうじ

＊ 窓ガラス

窓ガラスは頻繁にやると大変ですが、まとめてやろうとすると、それはそれで疲れてしまいます。

だから、雨上がりなどの窓の汚れがゆるんで浮き出てくるときに、湿ったタオルで拭きます。もちろん、体力がいる場所なので、やる際も無理をしないこと。

私は、一番目立つ場所の一面だけを拭くようにしています。

＊床

天気のいい日を選んで、絨毯《じゅうたん》やカーペットをぬるま湯で拭きます。
フローリングの床は、運動不足解消を兼ね、簡易式モップで拭きます。

＊換気扇

換気扇の網のそうじは、雨で退屈な日に、15分くらいと決めて拭きます。

＊家具

家具のから拭きは、テレビや音楽を聴きながら。
これも〝ながら〟でやると、心理的負担が減ります。

＊光りもの

家じゅうの光りものをタオルで拭きます。

ドアノブ、窓ガラス、鏡、洗面台、ステンレスの蛇口といった光る場所は、磨いてピカピカにしておくと「清潔に暮らしている」という印象も際立つので、そうじをした満足感も芽生えやすく、心が軽くなります。端的にできるのでおすすめです。

私は、そうじには時間も手間もかけたくありません。

ただ、部屋じゅうがきれいになって、心がすっきりするのはやっぱり気持ちいい。

だから、そうじは自分が楽しむことを中心に、無理のない自然体を目指す。

今挙げたすべてをそのまま完璧にしようとするのではなく、本当に大切なのは、参考として取り入れつつ、無理のないなかで自分流の清潔な暮らし方を見つけることです。

要領のよいそうじの基本

＊溜めずにその場で

要領のよいそうじのコツ——一つ目は、これまでにもお伝えしてきたとおり、時間と場所を決め、さっとやってしまうことです。
キッチンや洗面台などの水まわりや油まわりなど、使った場所は間髪容《い》れずに拭いたり掃いたりする。面倒に感じるかもしれませんが、実はその瞬間で拭きとる作業というのは、数十秒で終わります。それを「あとで」と放置するから、汚れが重なり、手に負えなくなってしまう。

普段から、汚したらすぐ。この心がけは大切で、家をこぎれいに保つコツです。

＊ポイントそうじ

自宅をそうじする際にとくにチェックするとよいポイント、つまり、人目につきやすい場所を知っておきましょう。水道の蛇口、玄関や部屋のドアや家具の手アカ、テーブルの上や照明器具などは、汚れていると、目立ちやすい場所です。

部屋を美しく見せるコツは、ファッション同様、客観的な他人の目を持つことです。

＊効率的動線

私はそうじ会社を作って30年以上になりますが、そうじのプロとして意識していることに〝効率的動線〟があります。これを知っているだけでも、かなり家事時間が短縮され、自然に自分の時間にゆとりが生まれます。

まず、そうじの基本動作は、「はたく」「掃く」「拭く」「磨く」です。

すべてこの四つの動作を意識しながらやります。

これらを効率的に組み合わせたのがプロのそうじなのです。

毎日のそうじに無駄で余分な動線が多いと、体も心も疲れるもの。この効率的動線のポイントを外すと、一度そうじした場所がまた汚れてしまい、何度も掃いたり拭いたりすることになったり、思ったほどきれいにならなかったり、何かと手間が増えることになります。

年を重ねると、いかにして体を疲れさせずに、こぎれいに快適に住むことができるかが大切です。だから、そうじの時間も自分の体力を考えながら、15分以内と決めておきましょう。つまり、期限付きそうじです。

＊効率的にはたく

では効率的動線を意識したそうじとは——。

まずは、「はたく」から。

部屋をいつもきれいに保つには、最初にホコリ払いから始めましょう。

そうじ機をかける前にホコリを払うと、壁や床のホコリが一度にとれます。

反対に、先にそうじ機をかけてしまうと、壁や照明などのホコリがそうじ機をかけたあとの床に落ちてきて、二度手間になります。

だから、ホコリの払い方は、①上から、②横から、③下から、の順。

天井や照明器具のホコリを払って、次に壁や家具、そして床のホコリという流れです。

＊掃く

ほうきやそうじ機を使う動作も、無駄のない動きが大切。

二度手間にならないためには、お尻を入口に向け、部屋の奥から行ないます。

あとずさりするようにそうじ機やほうきを使えば、せっかくきれいにした床を自分の足で汚す心配がありません。

＊拭く

拭く動作は、直線で行なうのをご存じですか。

曲線を描いて無造作に丸く拭くと、無駄な動線が多くなり、手が疲れてしまいます。

壁や窓ガラスを拭く場合、右へ一直線にひと拭きしたら、今度は左へ一直線に。

この場合、手に持ったタオルの幅を十分に生かし、何度も同じ場所を余分に拭くことがないように。

タオルはずっと同じ面を使うと汚れを窓全面に引き伸ばしてしまうことになりますから、何度もたたみ返して、いつもきれいな面で拭きましょう。

＊磨く

一方、拭く動作とは異なり、磨く動作は曲線で。

キッチンの壁や調理台にべっとりとこびりついた油汚れ。これは重さがある汚れであり、下に向かって垂れるようについているので、逆の方向、つまり下から上に向かってかき上げるように、円を描きながら磨くのです。

この方法なら、余分な手や腕の力がいりません。

体力や気力のない場合も簡単に効率的にきれいになります。

磨く動作は、ややもすると力が必要ですので、なるべく効率的にラクにできることを知っておくこと。

ドアの手アカや壁のスポットの汚れは、汚れの中心から外へ向かって放射線状に丸く磨いていきます。

最後は、シミや汚れの外側をぼかすように丸く拭き上げるのがコツです。

＊目線

手間をかけずにきれいにしたいと思えば、〝きれいに見えること〟も大切です。

いかに時間や手間をかけてそうじをしても、客観的に見て、「まあ、きれい！」と見えなければ、せっかくの苦労が水の泡。

ですから、そうじのプロは、最後の仕上げに、蛇口や鏡などの光りものをピカピカに仕上げておくことで、印象としての〝きれい度〟も数倍高めます。

また、バスタブでは、お風呂に入ったときの目線、つまり、使うときの目線で、壁、天井、タイルの目地等に汚れが残っていないかどうかもチェックします。

ものの数秒もかからない、この最後のチェックは〝きれいに見せる〟ために大切です。

客の〝目線と動線〟をシミュレーション

昨今はコロナ騒ぎで、会食に出かけたり、お客を自宅に招くことが少なくなりました。

でも、そうはいっても、家をいつもきれいに保つためには、客観的な目線を気にすることもコツのうち。

今は無理でも、近い将来に家に友人を招くことをイメージしながらそうじをすれば、作業もトレーニングやゲームのような感覚になって楽しいものです。

では、まずバーチャルゲームのように、お客が来訪したことを想定して、動線をイメージしてみてください。

玄関のドアを開いて、靴を脱いで、リビングへ招き、ソファに座りますよね。そのとき、どのソファに座ってもらうかを想定し、自分で座ってみましょう。つまり、お客の目線になってじっくりと家じゅうを見渡すのです。

また、お茶を飲んでいれば、途中でトイレに行きたくなることもあるでしょうし、洗面所で手を洗ったり、鏡で髪を整えたりするかもしれません。

そう考えると、トイレのなかの便器であったり、手拭き用のタオルの汚れと匂いであったりも要注意でしょう。


そんなイメージを膨《ふく》らませながら、あらためて玄関を見てみると、ドアのホコリやドアノブの手アカが気になってきませんか。

靴を脱ぐときの玄関のホコリや靴の数なども……。靴が散らかっている玄関はきれいに見えませんよね。


そして、家のなかを歩いてみると、廊下《ろうか》のホコリや床に転がっている段ボールやゴミ。すすめられたソファのホコリと匂い。

座ったときのテーブルの上のホコリや雑然とした雑誌などのガラクタ。

落ち着いてあたりを見まわしてみると、家具のホコリや手アカ、そして床に落ちた髪の毛。話しながら、見上げたときの照明器具のホコリ……。

こうやって、お客を招くシナリオを想像できれば、おのずとそうじをするポイントが浮かび上がってきます。あとは手にはたきとタオルを持って、一カ所ずつチェックしながら汚れを解消していけばいいのです。

机の上の読みかけの雑誌や新聞、床に転がっている健康機器などのガラクタなどは移動させ、大きな紙袋にひとまとめにしてしまいましょう。場所があれば、別の部屋に、なければ部屋の隅の目立たないところに。

トイレの便器は、柄付きタワシでこすり、手拭き用タオルは、洗濯したばかりの新しいものと取り替えておきます。匂いが気になる場合は、床を拭き、マットやカバーを交換しておきましょう。

ちなみに、私は不快な匂いの発生を防ぎ、そうじの手間を省くため、トイレには便座カバーやマットは使っていません。

そして玄関には、庭やベランダ、ときには道端で摘んだ花を一輪挿しに生けます。

夏なら、ドクダミの白い花が匂い消しも兼ねて便利で重宝します。昔からの日本のおばあちゃんの知恵です。

最後に鏡のホコリやくもりもチェックしましょう。

こんなふうに楽しみながらできる、バーチャルなゲストのための〝きれい度チェック〟の習慣は、やがて〝本番〟でも役に立つはずです。

一カ所集中で気持ちも体もラクに

〝そうじスケジュール〟や〝動線〟の話をしてきましたが、ここでもう一度釘《くぎ》を差しておきます。それは、いくら汚れが気になるからといっても、〝二カ所以上のそうじを一度にやらない〟こと。

とくに、瞬間そうじで済むときはまだいいですが、溜め込んでこびりついた汚れの場合は、時間がかかります。「今日はそうじの日」と決めて、バスルームも、キッチンも、換気扇も……と欲張ると、ものすごく疲れて、次回のそうじをラクな気持ちで始められなくなる。そのやり方だと、どんなに元気な若い人でも疲れます。

人生は、そうじだけがすべてではありません。

楽しいことができる余力も時間も必要です。

やはり、短い時間で、効率的に、上手に、バランスよく、を心がけましょう。

たとえば、油汚れと水まわりの汚れなど、異質の汚れは同時にはやらず、場所も時間も分割してやることです。

つまり、今日バスタブを磨いたら、レンジ台まわりのそうじは別の日に、という具合。磨く動作は同じでも、水と油のまったく違う汚れに向き合うと、身も心も疲れてしまいますから。

また、同じ動作を長時間続けないことも大切です。

執着せず、きれいになってもならなくても「やらないよりまし」くらいの気持ちで、15分程度と決める。そんな心のゆとりも必要です。

間違っても、きれいにならないからといって、やらなくてはいけない用事まで返上して、気がつけば換気扇の油汚れと何時間も格闘していた！　なんてことはやめること。〝待てば海路の日和あり〟の心境は、そうじにも十分通用します。頑固な汚れは、ぬるま湯でふやかしながら、何度かに分けて、とることも必要です。

やかんやケトルにこびりついた厄介な汚れも、使ったあと、まだ余熱が残っているうちに拭くだけの動作を繰り返すだけでもきれいになります。

身近な道具を使う簡単そうじ

厄介で労力のかかる場所のそうじは、手が慣れた道具、身近なものを使うとラクラク、スイスイ、楽しくできます。

しかもエコなので、お金もかからず、手軽にきれいになるので、住まいはもちろん、心も快適に過ごせます。

＊新聞紙で磨く窓ガラス

これまでにも、何度か触れた窓ガラスのそうじ。実は、新聞紙も併せて使うとより効率的にきれいになります。

以前、ある新聞のコラムで、窓ガラスを新聞紙で磨く技を紹介したところ、年配の読者の方から、子どもの頃に小学校で、新聞紙で窓ガラスを磨いていた、なつかしい、とお便りをいただきました。

そういえば、小学生の頃、学校の床そうじは当番制でやっていたのを思い出しました。ぞうきんの絞《しぼ》り方、床を一直線に拭く方法も、その頃教わったものです。

まず、ガラスをぬれたタオルで拭いたら、そのあと両手でわしづかみにした乾いた新聞紙でくるくると磨いてみてください。

すると、新聞紙の油で、ガラスの表面がピカピカに。

さらにうれしいことに、汚れもつきにくくなります。

コツは、あくまでも乾いた新聞紙を使うこと、ガラスの表面をぬらしておくことです。

ちなみに、窓ガラスをそうじするタイミングについてもう少し詳しく述べると、湿度の多い、雨上がりの午前中か曇りの日がおすすめ。曇りや雨上がりは、空気中の湿気が窓ガラスの汚れを浮き立たせてくれるので簡単に落とせるのです。

反対に、晴天が数日続いたあとは、汚れが乾いて窓ガラスの表面にこびりついているので、思いがけず時間も体力もかかります。

それに、陽射しの強い午後の時間帯は、湿気も少なく、汚れもこびりついて、ガラスに反射した光が汚れを見づらくしてしまいます。

ですから、私は曇りや雨上がりの午前中は、〝窓ガラス磨き日和〟と決めています。ラクに短時間でピカピカになるので、爽快な一日を迎えられます。

＊立てかけるだけの網戸のそうじ

ある雨の日、散歩の途中にふと見ると、ブロック塀に網戸が数枚立てかけてあるではありませんか。

網戸を運んでいる高齢の男性に聞くと、雨が汚れを洗い流してくれるそう。あとは雨が上がったときに乾いた網戸をはめ込むだけ。

「これぞ高齢者のラクラクそうじですよ」と笑っていました。

彼も、彼の母親から伝え聞いた教えだそうです。

ただし、風の強い日や大雨の日は、網戸が飛んだりして危険なので避けるとか。

なるほど、お日様信仰の日本人ならではの〝自然との共存共栄〟のアイデアではないでしょうか。

外せない網戸は、軍手をぬらし、両手で挟み込むようにたたくと便利。

汚れがひどい場合は、あらかじめはたきでホコリを払っておきましょう。

＊軍手を使うブラインドそうじ

最近の窓には、シェードやロールカーテンが多くなりましたが、厄介なのはブラインドのそうじ。なかなか隅々まできれいになりません。

そんなとき重宝するのが、軍手。指先をお湯でぬらした軍手で、ブラインドの一本一本に指を入れてつまむようにして拭きます。

100円ショップでも便利なブラインド拭きが手に入りますが、手が自由に動かせる軍手がやはり便利かも。指先の訓練にもなりそうです。

ブラインドそうじも窓ガラスと同じで、今日は一枚だけと決めて、だらだら長時間続けないことも自分の心と体が疲れないために大切です。

＊照明そうじも軍手で

照明器具などのそうじが面倒な部分や場所なども、手が自由に使える軍手をはめれば快適にできます。

まずゴム手袋をはめた上に、古い軍手をぬるま湯で固く絞って装着し、拭きます。

それこそ、電球などや細かく入り組んだ部分などは、指先を使えばラクに。

そうじ道具だと届きにくい場所でもスイスイ。

手は、最高のそうじ道具だと、私は思っています。

＊一枚タオルは超便利

旅館や景品、粗品でいただくことのある薄手のタオル。

これもぞうきん代わりに、〝タオルぞうきん〟として重宝して使っています。

軍手がないときには、手に巻き付けて壁を拭いたり、折りたたんで窓ガラスを拭いたり、おしぼりのように丸め、くるくると畳や絨毯を拭くことも。一枚あれば七変化してとっても便利です。

では、ここでタオルを七変化させての上手な使い方をご紹介しましょう。

①2枚のタオルを重ねて手で持ち、はたき代わりに。持つ位置で長さを調節します。
②2分の1に折って、輪の部分を持てば、はたき代わりに。
③4分の1に折って、床や戸棚の表面や広い場所の拭きそうじに。
④8分の1に折って、力のいる汚れがひどい場所の磨きそうじに。
⑤8分の1に折って、おしぼり状に丸め、包丁を握る要領で持って、ハケを使うように左右に動かすと、絨毯や畳などの水分を嫌う場所の拭きそうじに。
⑥左手にタオルの端を持ち、右手に包帯のように巻き付け、拭き・磨きに。左手が右手の動きを補うので、壁などのこびりついた油汚れをとるのも力がいらない（この方法は、あるとき、シルバー人材センターの研修で公開させていただくと、高齢者向きで、磨きそうじがラクと喜ばれました）。

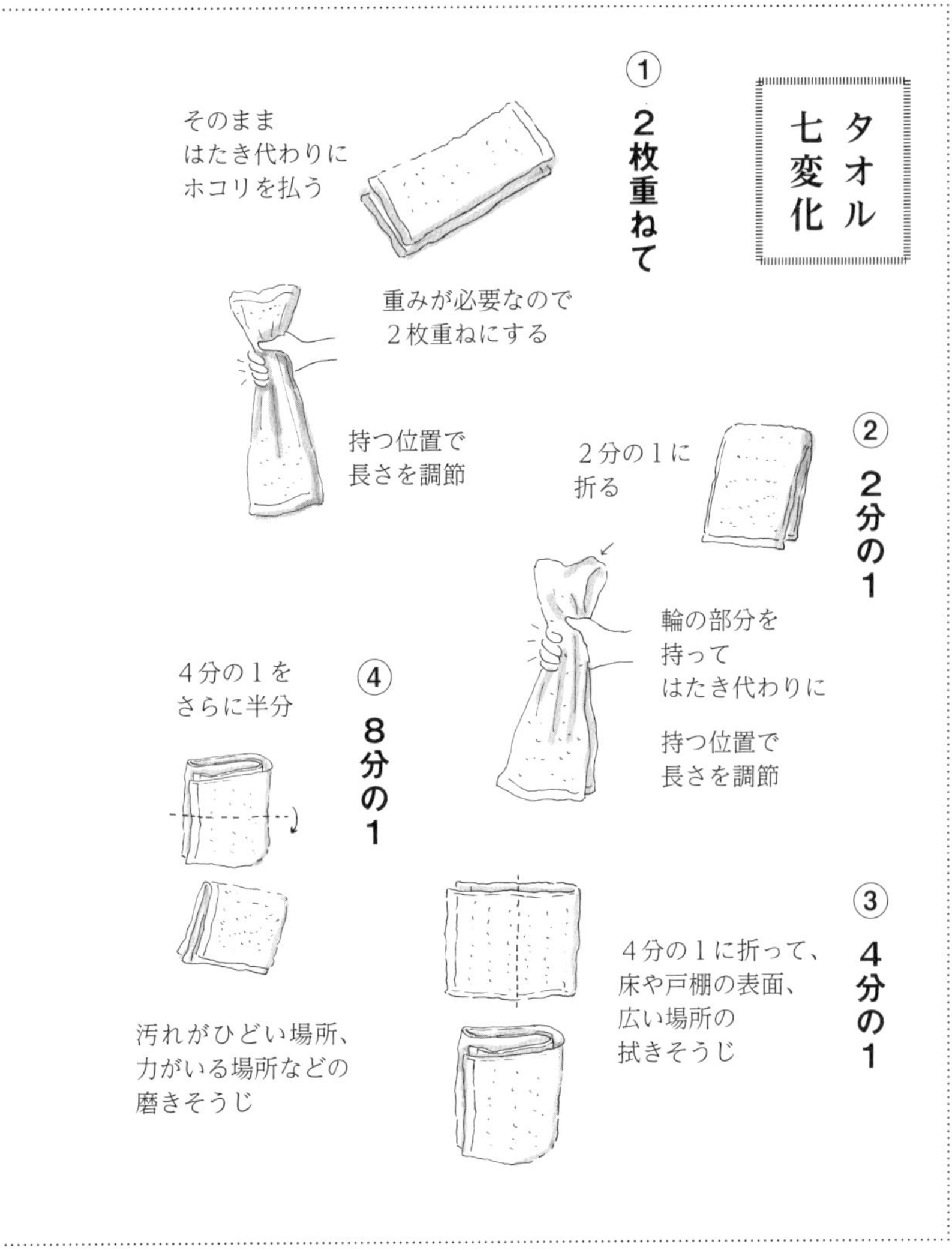
タオル七変化
① 2枚重ねて
そのまま
はたき代わりに
ホコリを払う
重みが必要なので
2枚重ねにする
持つ位置で
長さを調節
② 2分の1
2分の1に
折る
輪の部分を
持って
はたき代わりに
持つ位置で
長さを調節
③ 4分の1
4分の1に折って、
床や戸棚の表面、
広い場所の
拭きそうじ
④ 8分の1
4分の1を
さらに半分
汚れがひどい場所、
力がいる場所などの
磨きそうじ

⑤ おしぼり状

8分の1に折る

くるくる丸める

包丁を握る要領で持って、ハケを使うように左右に動かす

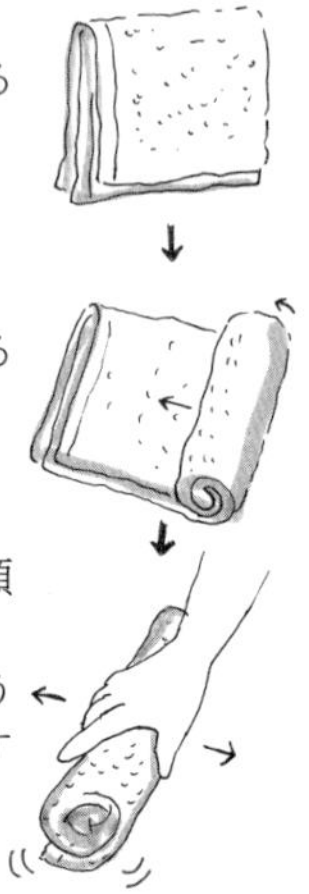

畳や絨毯など、水分を嫌う場所の拭きそうじ

⑥ 手に巻き付ける

右手に巻く

包帯のように手に巻き付けて拭いたり、磨いたり

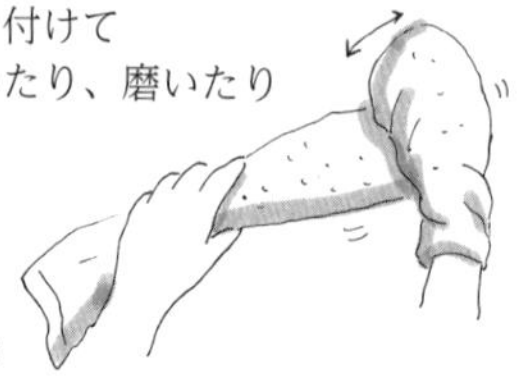

左手でタオルの端を持つ

左手でタオルの端を支え、右手で動かす
左手が右手の動きを補うことになるので、力をかけずに拭いたり、磨いたりできる

⑦ ほうきにかぶせる

建材を傷つけないように、そうじ道具にかぶせて、ホコリをとったり、拭いたりする

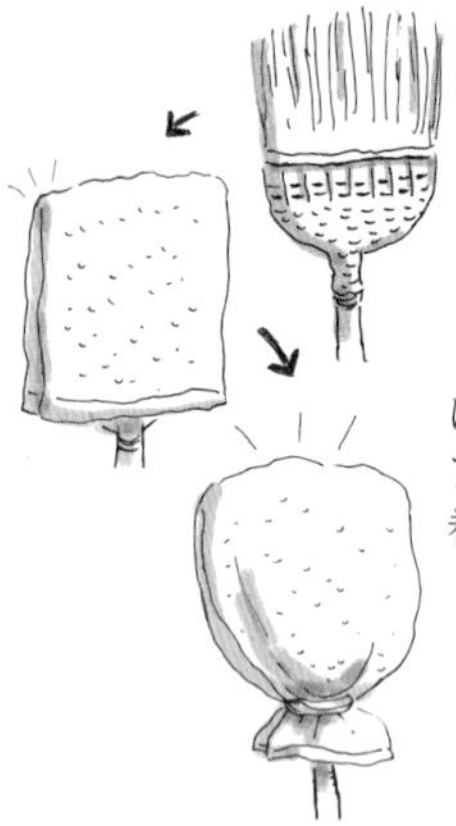

ほうきだけでなく、ブラシに巻き付けてもOK

高いところにあるもの、とくに照明器具のホコリをとるのに便利

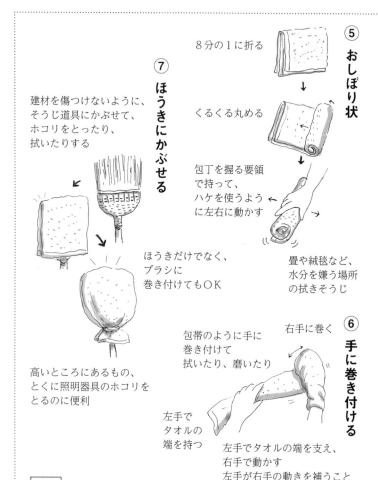

⑦ほうきなどのそうじ道具にかぶせて、ホコリをとったり、拭いたり。建材を傷つけず、天井や高い場所の照明などのホコリとりにも便利。ブラシに巻き付けてもＯＫです。

床をきれいにするちょっとした知恵

子どもの頃のなつかしい夏休みの風景。

暑い昼下がりはいつも畳や床に、ごろんと寝転んで昼寝や読書を楽しんでいました。

もちろん、母が床や畳を丁寧《ていねい》に拭き、清潔を心がけてくれていたおかげです。

だからこそ、いつでも安心して素足で歩きまわったり、そのまま横になることもできたのです。


そうじの行き届いた清潔な床や畳は、心に安心を届けてくれます。

では、どんなふうにそうじをすればよいのか。

私がおすすめするのは、身近な食品を活用したそうじです。ちゃんときれいになりますし、たとえ洗剤などを切らした場合でも遊び感覚でそうじを楽しめるので、知っておくと便利で安心です。

＊身近な食材を使って

フローリングのつやがイマイチと感じたら、私はホウレン草など野菜のゆで汁で拭くことにしています。すると、驚くほどピカピカになります。

ホウレン草以外では、おからを使うのもいいでしょう。

子どもの頃を思い返してみると、母は古い布におからを包んで、毎日玄関の床や廊下をキュッ、キュッ、キュッと力を入れてこすり、そのあと、乾いた布で拭いていました。きれい好きの母のおかげで、子ども心にもわが家のピカピカに光った床は誇らしく思ったものです。

ただ、昔はお豆腐屋さんへ行けばおからはただ同然で分けてもらえたものですが、今は都会ではなかなか手に入りにくい健康食材となってしまいました。その点が残念です。

その他には、米のとぎ汁も床そうじに有効です。

ワックスのように床に膜《まく》を作り、つややかになります。

もし匂いが気になる場合は、ミカンの皮の煮汁を使って、絞ったタオルで仕上げ拭きを。広範囲は疲れるので、一度にやるのはテーブルの下とか、キッチンの床などに限りましょう。


また、最近の部屋は畳が少なく、フローリングや絨毯が敷かれていることが多いもの。

わが家は、絨毯やカーペットは、なるべく家具の足元や出入口などの一部分に限って敷くことにしています。こうすれば、いつでも移動させ、外でホコリをはたくこともでき、拭く場所も限られるのでそうじがラクです。


カーペットの敷かれていない木の床の部分は、週に一回はそうじ機をかけ、あとは気分が向いたときに、床専用の簡易使い捨てのウエットペーパーで、スイスイと拭けば、運動も兼ねて一石二鳥。

平均すれば、そうじ機かけは週一回と決めていますが、床拭きは、だいたい週に二〜

三回くらい、あらかじめ回数を決めてしまわずに、「汚れたな」と思えば気分転換と運動を兼ねて拭くことにしています。

その場合も、キッチン、リビング、玄関とそれぞれ10分以内に分けてやりましょう。

＊カーペットそうじに塩をまく

これはドイツに住んでいた頃、隣人のおばあちゃんから教えてもらった優れ技。

そうじ機をかけてもすっきりしないカーペットなどは、たまに塩をまいて、そうじ機で吸いとるのです。

すると、塩が汚れも匂いも同時にとってくれます。

また、赤ワインをこぼしてしまったときも、慌てずに塩をまきます。

塩に赤ワインを染み込ませて、しばらく経ったらそうじ機で吸いとるのです。

そして、絨毯やカーペットでたまに見つけてしまうシミ。

こうした原因不明の汚れには、レモンを半切りにしてこすっていきます。

なんと、レモンが汚れを分解し、漂白してくれるのです。

しかも拭いたあとは、レモンの爽快な香りが部屋中に広がるので、気持ちまで安らぎます。

＊畳の若返り

最近は、洋式スタイルの家が多くなり、畳の部屋を見かけることが少なくなったという話を聞きますが、それでも日本人にとって畳の部屋は落ち着くもの。畳になじんできた中高年世代のみなさんのお宅には、和室があるのではないでしょうか？

そういう私の家にも、もちろん小さな畳の部屋があります。

お泊まりのゲストの部屋に使ったり、疲れたときに気ままに寝転べたりもして、やっぱり重宝しますよね。

そんな畳の普段のお手入れは、私もそうじ機のみですが、時折遊び心も兼ね、天気のよい日を選んでやる畳の若返り法があります。

それは、抹茶を溶かしたぬるま湯でタオルを固く絞って拭くこと。

ちょっと贅沢《ぜいたく》なそうじですが、お茶に含まれるカテキン成分には殺菌作用があり、心も畳も爽やかでリフレッシュします。

そして、仕上げはから拭きで。

しばらく窓を開け、風を通して乾かせばＯＫです。

＊部屋の匂いはコーヒーのかすで

来客の前には、コーヒーを淹《い》れれば、部屋にこもった料理臭を消すことができます。

これは、コーヒー好きのドイツ人に教わりました。

コーヒーのかすは、フィルターごと乾かし、こぼれないようにホッチキスで止め、冷蔵庫や下駄箱に入れておけば、そのままエコな消臭剤に。

これは私のアイデア。

その他にも、魚料理の匂いが気になるときは、オレンジの皮を焼くと魚臭さを撃退できます。これは、ミカンやオレンジの皮を切り、オーブンで焼くだけ。

部屋全体が爽やかな柑橘《かんきつ》系の匂いで包まれます。

日本の伝統的そうじの心得

新型コロナ騒ぎで、世界からも日本人の高い衛生意識に注目が集まっているのは、プロローグでもお話ししたとおり。昔からの日本の伝統的なそうじの心得は、日本人の〝清潔に住まう〟という意識の表われです。

あらためて、かつて祖母、母親から受け継がれたそうじの方法を思い出してみると、その基本精神と方法には、合理的な知恵がいっぱいあることがわかります。

今でも十分に応用できますので、取り入れてみましょう。

＊昔のそうじの心得

昭和の婦人雑誌を見ると、「毎日のそうじの基本ははたきがけにあり」と載っています。

部屋に溜まったすべてのホコリはまず、床にはたき落とす。

部屋のそうじは、ここからスタートするというわけです。

まず部屋の窓や戸を開け放し、床に転がっているものを移動する。移動できない机や置物などには、ホコリがかからないように布をかけてそうじの下準備をする。

そして、そうじの順番は、まずはたきで天井からホコリを払う。上のほうからホコリを落としながら障子の桟《さん》、ふすまやタンスについたホコリを落とす。

つまり、要領のよいそうじの基本でもいいましたが、ホコリ払いは、上から横から下へ、が基本。

床に落としたホコリはほうきできれいに掃き出し、仕上げはぞうきんがけできれいにしましょう。

窓を開けて換気をし、上から横から下へのホコリの落とし方は、そうじ機かけばかりが行なわれる今の時代では、あまり意識されなくなってきていますが、いくらほうきがそうじ機に変わり、はたきが化学はたきに、ぞうきんが使い捨ての布になっても、変わらないそうじの基本なのです。

＊昔のはたきのかけ方

昭和中期頃の家事読本によると、はたきをかける順序は、基本的には変わりません。天井、鴨居《かもい》、電灯などまず高いところから順にかけ、ふすまや障子などのホコリを床に落とす。

つまり、ほうきで掃けないところのホコリに、はたきを使います。

そして、障子の桟などの細かいホコリは静かにはたきで払い落とす。

昔のはたきには、鳥の羽根、麻や絹などが使われていました。

それを場所や置物によって使い分けていたのです。

それに布製のはたきは洗えるので、きれいにして何度でも使えます。

母はよく、洗いざらしの古い布のはたきほど、あたりが柔らかく傷がつきにくいといって、使い古した麻や布で作ったはたきを使っていました。

＊昔の掃きそうじ

先日、地方の読者の方から、シュロの高価なほうきが送られてきました。

先祖代々、家業として日本の伝統的ほうきを作っているのでもっと多くの人にそのよさを広めたいとのこと。

日常的にほうきを使っている私のことを本で読んでくださったらしいのです。

ちなみに、私がそれまで使っていたものも、ほうき木で作られた草ぼうきで、高価なシュロのほうきには及ばないものの、デパートではそこそこの値段のもの。

でも、天然素材でできたほうきは、使っていくにつれ、先のほうから細くなって短くなっていき、ほうきそのものが削られるので、畳や床などの住まいの建材を傷めないのです。

そういった意味で、そうじ機ばかりが重宝される時代ですが、ほうきでのそうじもなかなか優れているものなのです。

では、ほうきを使ってみようと思う方は、どんなものを選べばいいのか。

私のおすすめは、手触りが柔らかで細かくそろったものです。

なるべく穂先の柔らかい、細いものを。

少し値は張りますが、畳にはシュロのほうきが一番いいのです。

＊ホウキの上手な掃き方&使い方

畳の場合、力を入れず、ほうきの先と畳の表とがすれすれになる程度に、物静かに、ホコリが元に戻らないよう、畳の目に沿って掃きます。

部屋の隅や、畳の継ぎ目は、ほうきを立てて使い、細かいホコリを掃き出す。

ほうきは、一方ばかり使わず、向きを変えながら使うこと。

しまうときは、床に立てかけず、壁に掛けてください。

＊茶殻を使って掃きそうじ

母はよく、お茶を飲んだあとの湿った茶殻を、畳の上や廊下などの板の間にまいて、ほうきで掃き集めていました。

こうすれば、ホコリが舞い上がるのを防ぎ、細かいゴミまでとれるのです。

しかも、お茶の殺菌作用で部屋が清潔になり、そうじのあとには、お茶のほのかな香りが漂《ただよ》う。

なんと、消臭効果までも兼ね備えているのです。

ゴミとして捨てる茶殻を最後まで上手に生かし使い切る。

日本人の生活の知恵は、何でもない毎日の暮らしのなかで、素材の特性をよく見つめ生かすことから生まれたのです。

換気を心がけ、清潔に住む

私がかつて学んだドイツでは、部屋の空気をとても気にしていました。外は、零下《れいか》の温度でも、ヒーターで暖をとりながら、必ず窓を開け、空気を入れ換えます。

ある寒い冬の朝、私たち生徒が待つ教室に入ってきた教師が、いきなり窓を開け新鮮な空気を取り入れたのには、身も心も凍りつき、驚きました。

やがて、生暖かくどんよりした空気がこもった教室に、冷たくて新鮮な空気が流れると、早朝の寝ぼけた頭がしっかりしてきたような気がしたものです。

部屋の空気が汚れると、汚れが重なり、部屋も汚くなります。

新鮮な空気は、清潔を保ち建材を長持ちさせ、人や部屋の〝健康寿命〟には大切だと、ドイツ人は昔から知っているのです。

一方日本はというと、昔の日本の木の家は放っておいても自然換気ができました。だから、風通しも空気の入れ換えも簡単だったのです。

しかし、新建材の今の時代は、家も前ほど呼吸をしてくれません。換気を面倒くさがっていると、部屋の空気はすぐよどんでしまう。

ですから、換気扇や窓を開けるなどして、人工的に空気の流れを作ることが、昔以上に大切なのです。

とくに、コロナ感染予防には、まず部屋の換気が重要と、専門家たちは口をそろえます。

風が吹き抜ける部屋は、家も人も健康です。

最近は、コロナ対策のため、電車やバスなどの窓が開けられ、汚れた空気がこもらず、少しは安全・安心な通勤空間になったような気がします。

部屋の空気が新鮮だと、嫌な匂いも汚れも少なくなり、心も爽やかになります。

何度も言いますが、コロナ対策はもちろん、清潔な健康生活には、まず部屋の換気が第一なのです。

ときには人の手も借りる

この章の最後に伝えたいこと。

それは、何でも自分一人でやろうとしないことです。

年齢にかかわらず、すべて何もかも自分一人でやると、心も体も疲れてしまいます。

だから、自分の体力や環境に応じて、思い切って人の手を借りることも大切です。

ただし、そのためにも、まずは家のなかの状態を自分自身が知っておかなければいけません。

自分以外の人がそうじをする場合でもやりやすいように、日頃からある程度、整理整頓されていることが必要です。

それに、家族や他人にそうじをされると逆にイライラしてストレスが溜まる、という方もいますよね。だからこそ、自分で把握しつつ、人が見てもわかる状態にしておけるといいでしょう。

ちなみに、またドイツでの話になりますが、私がドイツに住んでいた頃、わが家の窓ガラスが汚れているのを見かねて、大家さんが、「他人に任せなさい」とプロの窓ガラス磨きのおじさんを紹介してくれたことがありました。

そんなふうに、ドイツ人は他人にそうじを頼むことに抵抗がないし、頼むこと自体も上手なのです。

当時、日本にはそれほど個人宅の清掃代行業はありませんでしたが、このときの「自分だけでやらなくていいんだ」という発見がとても新鮮だったことを覚えています。付け加えると、この体験が、のちのち私がそうじ屋さんを始めたきっかけでもありました。

全部自分でやるのではなく、できないものは他人に任せ、空いた時間を有効に、そして快適な住空間をゆったりと楽しみ過ごす。

確かに、汚れきった窓ガラスより、きれいに透き通った窓ガラス越しに青空を見ながら飲むお茶は幸せを運んでくれます。

いつもと同じはずのお茶が数倍おいしくなります。

だからこそ、こんな充実し安心した暮らしを、自分はもちろん、他の人にも経験してもらいたいと、帰国して会社まで作ってしまったのです。

家族に頼める方はいいですが、最近は一人暮らしの中高年の方も増えていますから、そんな人は、既成概念を取り払っていっそプロに頼んでしまうというのも、一案だと思います。

2章

安全・安心に住まう

理想的平安な暮らし

子どもの頃、知り合いの老婦人の家に、母と出かけるのが楽しみでした。

一人暮らしのその人は、その頃で多分、70代の初め頃だったと思いますが、子どもの私から見てもいつも着物をきちんと着て身ぎれいな印象でした。

もちろん、部屋のなかも整理整頓が行き届いていて、畳の上には塵一つ落ちていない。板の廊下もピカピカに磨き立てられ、そこを流れる空気までが清潔感あふれる感じがしました。

小さな台所とその横の板の間、それに続く茶の間兼居間兼寝室が一室あるのみの簡素な住まい。

母が育てた鶏の卵を手土産に、とりとめもない世間話をする母と老婦人のそばで、出されたお菓子を食べながら黙って座っているだけでも、なんとなく落ち着く住空間でした。

部屋の片隅には、小ぶりのタンスと茶簞笥《ちゃだんす》。真ん中には、夜は折りたたんで壁に立てかけられる便利な丸い座卓。

部屋の隅にいくつか置いてある座布団は、私たち客がきたときはすぐ出せるようになっていました。

まるで昨日のようにはっきりとなつかしく思い浮かべることができるのは、不必要なものが一つもなく、清楚でスッキリと見るからに気持ちのいい空間だったからかもしれません。

コロナ禍で、家で過ごすことが多い今、どこかへ出かけることもなく、一日中じっと部屋のなかに座り、一人でお茶を楽しむその老婦人の姿を、よく思い浮かべることがあります。

何もしないことが、退屈ではない。

まさに、昔の日本のシンプルな部屋での、何でもない毎日の平凡な暮らし。

ムダなものが何もないので、静かで安全で清潔感にあふれ、何もしなくても飽きることがない充実した心地いい空間なのです。

部屋は物置ではありません。

そこで生活をする人が、部屋の空間の安全を肌で感じ、いかに安心して快適に人生を過ごせるかがもっとも大切なのです。

ものがあふれている現代では、当時の老婦人そっくりの生活は無理だとしても、私の理想の〝安全と安心〟な快適な暮らし方として、半世紀経った今でも、いつも心の支えになっています。

わが家で過ごす時間を大切に

どこに住んでも、今をどう楽しく充実して過ごすかを工夫することは、心の平安を保つためにも大切です。

観光で訪れたドイツ人の友人に、一週間部屋を貸しただけなのに、まるでそのまま住み続けるような部屋に模様替えして使われたのには驚いたと、知人が話してくれたことがあり、ドイツ人ならさもありなんと、納得したことがあります。

下駄箱には何足かの靴が整然と並び、クローゼットには衣類がきちんと種類別に、まるでそこの住人のように整理整頓されていたらしいのです。

ドイツ人は、仮に短期間の間借りの部屋でも、そこに住む間いかに自分が快適に過ごせるかに知恵を絞ります。

だからこそ、自分の家にいるような感覚で、自分の持ちものを全部トランクから出し、使いやすいように整理整頓して並べていたのでしょう。

なんと、壁掛けやテーブルクロスまで、自分の好みに、アレンジしていたそうです。

ドイツ流にいえば、どんな場所に住んでも、「家に所有されるのではなく、人が家を所有する」のです。

部屋の変化を楽しむ

コロナ禍で家に居ることが多くなると、来る日も来る日も同じ部屋のインテリアに飽きてくることがありませんか？

前述した老婦人のような昔の簡素な暮らしに慣れ親しむには、今の時代はものや情報が多すぎるのかもしれません。

慣れ親しんだ毎日は便利ですが、ややもするとその単調さが苦痛になることがあり、たまには変化がほしくなります。

今回のコロナ禍で家に居る時間が長くなり、なんとなく家じゅうの見飽きたインテリアに少しでも変化をつけたいと思い立ち、私はふと、ドイツで手に入れた田舎の風景画を集めた本を思い出しました。

この画集は、便利なことに、額に入れて飾れるように、ページを切り離せるようになっています。

かつて住んだ北ドイツの街や旅行した南ドイツの田舎の教会の絵も、すべてなつかしく思い出すものばかり。

全部で12枚あるその本のなかから気に入った絵だけを数枚選び、額に入れ、食卓やよく目にする居間の棚の上に飾ってみたのです。

すると、不思議とこれまで慣れ親しんだ部屋のインテリアもなんだか新鮮な印象になり、部屋も自分も若返ったような気分になったのです。

ちょっとしたアイデアで、簡単に新しい変化がもたらされるものだと、新しい暮らしの発見になりました。

新しい変化といえば、郷里に住む70代の友人は、50代の後半から、月に一度、気分転換を兼ねて、部屋中の家具の配置転換を続けているそうです。そうすることで、マンネリな気分も解消されて、やる気も出てくるとか。隣で迷惑そうにしている夫に頼むのも面倒なので、重い家具も自分一人で移動してしまうそうです。

大きなタンスなどは、引き出しをすべて出したら、床に接している角の下に新聞紙を挟み、押したり引いたりしながら移動させるとか。

おかげで何でもできる〝自立老人〟に成長できたと笑っています。

部屋のなかの危険から身を守る！

長年住み慣れて安全だと思っていた家であっても、気づきにくい危険というのは潜んでいるものです。転ばぬ先の杖、ということわざがありますが、転倒したり、つまずいたりして怪我をすることがないよう、前もって生活空間の安全性を高めておきましょう。

年を重ねるごとに筋肉が弱くなり、視力や聴力も衰《おとろ》え、転倒したりつまずいたりする危険性が増します。「転倒なんて高齢者の心配でしょ？」と思うかもしれませんが、とくに女性の場合は下半身の筋力の低下で50代から転倒が急増するという、厚生労働省の統計データもあるのだそう。

自分では元気だと思っていても、それこそ体力に個人差も出てくるし、五十肩になったり、足が前ほど上がらなくなったり、と何かしらの変化というのは生まれていますから、油断をしないことです。

怪我や骨折をすると、毎日の自由や楽しみが奪われ、身体だけでなく心まで憂鬱《ゆううつ》になってしまいますから、むしろ「私はまだまだ元気」と感じるなら、今のうちに家から危険をなくしておきましょう。

コロナ禍で家に居る機会が多くなった今、自分の部屋の空間をあらためて見直してみると、いかに気がつかないところに〝怪我の危険〟が潜んでいるかがわかります。

自分の家が、安全だと感じられれば、安心して暮らせますし、日々の生活も健康的で楽しくなります。

＊床には危険がいっぱい！

では、家のなかの危険はどこにあるのか。つまずく最大の原因が何かといえば、それは床にあるでしょう。

日本人の昔の家の床には、畳以外余分なものを敷かないので、歩きやすく暮らしやすい空間でした。でも今は、どうでしょう。

玄関、洗面所やトイレにはマットが置かれ、居間やキッチンにはカーペットや絨毯が敷かれています。もちろん、カーペットが必要な箇所があるのはわかりますが、年を重ねてきたら、足が引っかかる要因になり得る敷きものは、少しずつ減らしていきましょう。

＊床になるべくものを置かない

そして、敷きものを減らすことに劣らず大切なことは、床にはできるだけものを置かないことです。

ものが多いと移動する手間がかかりますし、そうじがやりにくいのはもちろん、ものに足を引っかけて転んで骨を折ったり、怪我をする可能性が増してしまいます。

慣れた部屋といえども、高齢になってからではなく、まだ身体が動く今のうちに、災害時や暗闇でもスムーズに動けるようにしておくことです。

＊床から危険を減らす対策

わが家の木の床には、テーブルや椅子の付近に部分的にカーペットを敷いていますが、たまにけつまずきそうになり、「危ない！」と思うことが私もありました。

そこで、足を引っかけそうな部分カーペットの裏側の角には、滑り止めのテープを貼って危険防止策をとることに。

どうしてもカーペットを敷く必要がある場合でも、こうすることでつまずいての転倒を防止することができます。

さらにいえば、敷きもの以外にも要注意なものがあります。そう、電気コードです。

よく行き来する床に、電気コードが這《は》っていると、油断大敵、足を引っかけて転ぶことがあります。

ですから、テレビやオーディオ機器などのコードを部屋の隅に這わせるように工夫するのはもちろんのこと、普段よく通る動線上の床には、スマートフォンの充電ケーブル一つ、置かないように意識しておきましょう。

＊階段には手すり

いくら足が元気で達者だからと、階段の手すりを持たずに上り下りすると、思わずけつまずいて転んで怪我をすることがあります。年を重ねると、イメージのなかでの自分の動きと、実際の動きにはどうしても差が生まれてくるもの。

甘く見ずに、手すりを設置して、必ず手すりを持つこと。

これこそ、転ばぬ先の杖、ならぬ、転ばぬ先の手すり、です。

夜のトイレの際に、ベッドから落ちることがないように、そばに何か摑《つか》まるようなものや、椅子を置いたりします。

バスルームでは、バスタブの壁に手すりを付けます。

そんなふうに、バスルームやベッドから出たり入ったり、起き上がったりするときには、必ず、自分流の安全な同じ動作を身につけておくことです。

これはちょうど役者が舞台稽古を何度も繰り返しするようなもの。要は頭よりも身体に覚えさせるということです。

毎回同じ動作を確実に繰り返し、自分の身体に染みつかせておくことで、安全で安心な暮らしを手に入れることができるのです。

＊段差をなくす

部屋の段差をなるべくなくす工夫をしましょう。

家のなかからベランダやデッキに出る際の動線に段差があるようなら、小さな踏み台を置いてみるのもいいかもしれません。

昔の日本の家は、縁の下の関係で、玄関のたたきから部屋へはかなりの段差があり、それを補うために、上がり口に、丁寧に削られて加工された丸い石や四角い石が置いてありました。

古い建物を見るたび、このような工夫は、単に段差をなくす機能的な役割だけではなく、美的な住まい空間を作り上げるためのものだと、その暮らしのセンスの高さに感動してしまいます。
〝機能性と美しさ〟を兼ね備えた昔の日本人の工夫や知恵、今の住まいや暮らしに取り入れても十分役に立ちそうです。

道具を用いて、エコで安全な住まいに

家のなかでの安全といえば、室温や湿度の問題もあります。なかでも暑い夏の熱中症は、外の炎天下だけではなく部屋にいても起こるものです。昨今は、冷房を絶えず入れ続けることが推奨されていますよね。ただ、体が冷え切ってしまう冷房は苦手な人も多いもの。ですから、ただ閉め切ったままの状態で冷房をつけるのではなく、少し窓を開けて新鮮な空気の流れを作ってあげることです。

便利な電気製品が普及していなかった昔、日本人は、冷房などなくても、住まいを涼しくするエコな方法をいろいろと考え工夫していました。

今のように冷房に頼り切りにならない、上手に自然を取り入れた昔の人の暮らし方は、心が豊かで、住まいも人も健《すこ》やかだったような気がします。

では、ここでなつかしい昔の日本人の工夫をお伝えしましょう。

＊打ち水

地球温暖化で少しは温度差があるとはいえ、昔も今も高温で蒸し暑い日本の夏。

少しでも過ごしやすくするために、打ち水という習慣がありました。

井戸水を使えばお金もかけずに涼しくできる方法でした。

夕方、手桶《ておけ》の水を庭や道路にまいていく。

子どもの頃にはよく目にした光景、日本の夏の庶民のなつかしい風物詩。

打ち水は、ホコリを立てずにそうじをする知恵ですが、水が水蒸気に変わるときに地表の熱を奪うので冷房効果もあるのです。

＊障子、ふすま、すだれ

蒸し暑い日本の夏の住まいを快適に涼しく過ごすための必需品です。

夏の終わり、実家のすだれが取り外され、ふすまや障子が元に戻ったとき、子ども心に楽しかった夏休みをなつかしく思い出し、遠のいていく夏を寂しく思ったものです。

日本の木の家には、必需品の障子やふすま。

開閉の際、隙間《すきま》ができ、これが自然の換気作用の役割をし、隙間風で部屋を涼しくしてくれるのです。

暑さが厳しい真夏には、障子やふすまを取り外してすだれをかけます。

風通しもよくなり、見た目も涼しく快適です。

逆に、冬に障子やふすまは、隙間風が入り込んで寒い結果に。

部分暖房のための炭火を入れた火鉢や大きなかまどや囲炉裏《いろり》が活躍しました。

＊軒先に風鈴

暑い夏の午後、風鈴の音は聞くだけで涼しくなります。

ただし、気分的に夏の暑さを和《やわ》らげるためのもの。

一年中、軒先につるしていると、近所からうるさいと、苦情がくる結果になります。

夏の風鈴の音には、風が入って抜けていく風通しのよさが感じられ、心持ちまでが涼しく感じられます。

＊寝苦しい夜はそば枕

暑くて寝苦しい熱帯夜とはいっても、部屋を閉め切って冷房をかけながら寝ると、体にも優しくありません。

窓を少し開放しながら、冷房で部屋を冷やし、そば枕を使います。

そば殻の入ったそば枕は適度な硬さで、熱を逃がして、頭を冷やしてくれます。

暮らしを快適にする昔の知恵

今は亡き明治生まれの父は、夏になると小さな庭にひょうたんやヘチマの種を植え育て、茂った葉で棚を作り、部屋に暑い陽ざしが当たらない工夫をしていました。

夏の住まいを涼しくするには、家に太陽の熱が直接当たらないように、風通しをよくすることが大切だと知っていたようです。

＊ヘチマで涼を部屋に呼ぶ

ヘチマは、漢字で「糸瓜」と書きます。余談ながら、昔は、「いとうり」と呼ばれていたらしいのですが、「とうり」となり、「と」は「いろはにほへとちりぬるを……」の「へ」と「ち」の間にあることから、「ヘチマ」と呼ばれるようになったという説があるそう。

ヘチマは食べられないので、「ヘチマ野郎」など役立たずの意味に使われることが多いようですが、つまらないどころか、化粧水から薬、タワシにまで活用できる有用な植物なのです。

ヘチマは、南側に棚のように作り、空間から風を部屋に通します。西側に作るときは、斜めに木の柵を立てかけ、その上につるを這わせる。

ヘチマは、つる性の植物で、水やりをしっかりすれば、成長は早く、葉も大きいので日よけの棚作りには〝もってこい〟です。

＊タワシや化粧水としてのヘチマ

住まいの涼しさのための棚だけではなく、乾かしたヘチマでタワシを作れば、そうじや食器磨きの道具として重宝します。

タワシ用には、だるまへチマや長へチマなどが適しているようです。

成熟したへチマの果実を腐らして、内部の繊維《せんい》のみを残すと、タワシのできあがり。

また、私の父は、根元から30センチくらいのところで切ったへチマのツタ先を器用に瓶に差し込んで、へチマ水をとっていました。

晴天の日より、雨上がりの日のほうがたくさんとれると、うれしそうに話していたのも今はなつかしい思い出。

できあがったへチマ水は、密閉し、冷蔵庫内か涼しい縁の下などに保存します。

使うときは、一度煮立て、冷ましてから使います。

へチマ水は、化粧用だけではなく、民間薬品として、夏の日焼けやあせも、また冬のあかぎれにも重宝します。

ひょうたんは、丁寧に中身を取り出し、乾燥させ、小さいものは薬味入れ、大きいものはお酒などの液体入れとしてわが家の食卓に登場していたのを覚えています。

他にも暮らしに利用してきた代表的植物をあげると……

＊竹

加工しやすい竹は、壁などの建築材として、かごやざる、箸やほうきなどにして大活躍。今では郷土の民芸店で高級手作り品として人気です。

＊藁

稲作からとれる藁《わら》は、履きものや調理用の燃料、しめ縄、かごなどに。

実に様々な用途や道具に利用されてきました。

このような植物を住まいの道具として使う工夫は、原始の時代から延々と伝えられてきました。

思えば、少し前の時代まで、自然の植物の利用活用なくしては日々の暮らしは成り立たないものでした。

今のようにエコを意識するのではなく、自然界のものを上手に取り入れ、身近な暮らしに役立てるという工夫や知恵は、毎日の暮らしのなかから学びとったものなのです。

3章

ものと〝よい関係〟で快適に過ごす

適度なものと心地よく暮らす

ものと人との関係は、ものの〝ある・なし〟にかかわらず複雑です。

あるときの講演会で、「シンプルな生活をしたいと思って、ほとんどのものを捨てたら、心が寂しくなってしまい、それからなんだか毎日が憂鬱なのですが、どうしたらいいでしょうか?」と暗い表情をした50代くらいの女性からの質問がありました。

表情から察するとかなり思い詰めて深刻そうです。

家じゅうにものがあふれていると、ホコリや汚れが溜まり、そうじも大変。体にもよくない――たしかにそれはそうなのですが、そうした情報を全部鵜呑《うの》みにして真面目に信じればいいかというと、そうとは限りません。

この方のように、すべてのものをなくして部屋をすっきりさせたら、かえって心が寂しくなってしまい、結果、以前のように多くのものに囲まれた生活空間のほうが落ち着いてよかった、と思うようになる場合もあるからです。

結局のところ、そのやり方があなたにマッチするか、しないか。

ものの処分や整理整頓は、人に言われるままではなく、自分に問いかけながら納得する方法で解決するのが一番なのです。


では、自分らしいくつろいだ快適な暮らしとは何なのか――。

豊かで快適な暮らしは、決してものの数の多い、少ないだけではないはず。

ものが多くても不幸な人もいますし、少なくても幸せに暮らしている人もいます。

またその逆もありますよね。

だからこそ、よく吟味もせずにすべて捨てたり、逆に何でも大量に持ったりすればいいというのではなく、自分の好みに合うものだけを選びとり、厳選されたものに囲まれて生活をすることを私はおすすめしたい。

それでこそ、心温まるシンプルでスリムな安心した人生を送れるのです。

もののよい関係

昨今は、情報に惑わされ、有り余っているものを〝捨てる〟ことで暮らしを豊かにできると信じている人が多くなりました。

でも、本当の豊かさとは、ものを〝捨てる・捨てない〟の単純な問題ではありません。

もちろん、キッパリ、さっぱりと、ものとの決別ができる人もいます。

しかし、いったん持ったものはなかなか処分できない、というこの気持ちは、人間なら当たり前なのです。

ものをいっぱい持っている人ほど、ものは捨てられないというのが人間の常。

ものには、いろいろな思い出が詰まっていますし、それらを一度に機械的に捨てたり処分したりすれば、前述の女性のようにつらく寂しい気持ちになって当然かもしれません。

ただ、ものを持ちすぎると、前向きの気持ちを阻害される場合もあります。

ガラクタには、思い出と結びついているものが多く、その思い出がネガティブなものだと、そのために過去に縛られ、引きずられてしまうからです。

ですから、〝捨てる・捨てない〟の二者択一ではなく、ほどよい関係を目指すことです。

捨てる前に使いまわしてみる

〝捨てる・捨てない〟の視点だけでものについて考え始めると、エネルギーも使いますし、捨てることで寂しくなってしまうこともあります。

だから、まずは捨てる・捨てないを考えるのではなく、ものを上手に使いまわしながら、徐々にお別れする、ということを考えてみましょう。

私がものとの関係をあらためて考えなければいけない状況になったのは、30数年前の起業がきっかけでした。

有り金全部を使い、当時誰もが無謀と思ったベンチャーのそうじサービス会社を始めたとき、それから3年間は食べていくのがやっとでした。

そこで、仕方なく、今までのものをとことん使いまわすことにしたのです。

新しいものやほしいものを買う余裕がなかったので、そうせざるを得なかったのですが。


部屋に置くおしゃれな置物が買いたくなったら、以前の雑貨の置き場所を変えたり、他のものと並べたり、工夫をしてみました。

取っ手が壊れた食器は、一輪挿しにしてみると、なかなか存在感のあるインテリア小物に早変わり。

そうした暮らし方のなかで、使いまわしようがないほどに使い切ってしまったものや、まったく生活に必要のないものは、思い切って処分をするようになりました。

すると、ストレスなく、みるみるまわりのものが自然と減っていくではありませんか。

何でも新しく買うのではなく、手持ちのものをとことん使いこなしていくと、一つひとつのものを大切に使う気持ちが働き始め、そのうえ、自分にとって必要なものとそうでないものが見えてきたのです。

その結果、自分の趣味や好みも見えるようになり、いかに多くの無駄なものを無造作に買い、それらの多くに囲まれた生活をしていたかがわかるようになりました。

〝使いまわす〟をやってみると、〝捨てる〟とはまた違った形で、心地よくものを減らすことにつながります。

〝捨てる・捨てない〟を考えない暮らし術

先程から述べているとおり、〝捨てる〟というのは、一見気持ちのよい行ないのようでいて、実はストレスもかかるものです。

ですから、考え方を変えてみましょう。

そもそも、なぜいきなり〝捨てる〟とか〝捨てない〟を考える必要があるのでしょうか。

「ものにあふれた生活から解放され、すっきりしたシンプルな生活を手に入れましょう」が目的だとすると、そのための方法はいくらでもあるはずです。

いらないものを処分したり、捨てたりすることが全部悪いのではありません。

でも、その前に自分がどのような暮らしをしたいかを考えないで、「一度にものをなくしたらいい」という結論を出すのは、早計なのです。


だから、まずは自分にとって必要なものと必要でないものを判断すること。

その習慣が身につけば、必要でないものは買わなくて済むようになります。

やがて自分のまわりのものは、すべて自分の趣味や好みに合って、今必要とするものになるはず。

つまり、自分のライフスタイルに合ったものばかりに囲まれることになるのです。


かつてドイツに住んでいたとき、ドイツ人の友人と街を散歩していても、〝絶対〟衝動買いをしないのには感心したことがあります。

聞くと、買いたいものがあっても、どこに置くか、今あるものをどう処分するか等を考えると、新しく買うものがほとんどなく、買いたい気持ちがなくなるらしい。

今あるものを捨てる、捨てないで悩むのではなく、自分らしいスリムな生活をイメージし、今あるものをどう使いこなすかを考えること。
いきなり、ものをなくすのではなく、今必要でないものを自分からどう切り離していくかに時間をかけ、自分を納得させるのです。

自分にとって、もっともくつろげる空間・暮らしとは何か。
どんなものが今の生活に必要か。
もっとも心がほっとするものとの付き合い方は何か。
やがて自分らしいスリムでシンプルな暮らしがイメージできるはずです。

ものにあふれている部屋のほうが落ち着きますか

情報過多の忙しい世の中、人々は知らず知らずのうちにストレスを抱えています。
ストレスから自由になりたいから、シンプルに暮らしたい。
もうこれ以上のものや情報を持ちたくない！

そんな心の表われは自然の成り行きかもしれません。

誰もが、暮らしのなかで、くつろいで過ごしたい。

リラックスして自分らしい生活を送りたい。

今回のコロナ禍で、自宅にいることが多くなった今、こんな気持ちになった人も多いはず。

今まで外向きだった友人は、テレワークで在宅時間が増え、わが家をじっくり見つめてみると、あらためて、心がほっとする空間の大切さを考えさせられたといいます。

友人の場合、部屋中の整理整頓を始めたとか。

その他にも、部屋のそうじをしたり、庭やベランダに小さな花を育てたり、料理に目覚めた人もいます。

そういえば、鉢植えの草花やガーデニング用品がよく売れているそうです。

皆それぞれ、自分の暮らしに関心を持ち、自分で動いて手を加える喜びが、ものを所有することよりも何倍も心を癒やし、豊かにしてくれることが発見できたのかもしれません。

ものを減らしすぎて、ストレスになってはいけませんが、ものがあふれすぎている生活というのも、健全ではありません。

ものがあるほうが落ち着く、という人は、無理に捨てる必要はありませんが、その一方で、ものがないという不安を解消するために、余分なものを抱えているだけなのかもしれない、ということにも心を向けてみましょう。

ものが多いとそうじが嫌いになる

ものを持ちすぎることのデメリット、それはそうじにおいて顕著《けんちょ》になります。

何を隠そう、そうじが苦手な人、そうじが嫌いな人というのは、ムダなものが家じゅうにあふれている人が多いからです。

ものが多いから、そうじがしにくい。当たり前ですよね。

だから、ホコリが溜まり、溜まったホコリがまたホコリを呼ぶ。

つまり、ものであふれすぎていると汚れの悪循環が起こるのです。

さらに、汚れがひどくなれば、拭きそうじも大変になり、より一層ゴシゴシと磨かなければ汚れがとれません。

そうなれば、ますますそうじへのやる気がなくなってしまいます。

ですから、ものが部屋にあふれている人は、まずものを移動させたり、片付けることから始めてみてはいかがでしょうか。

〝そうじ〟と考えただけでも、面倒という思いで頭と体に拒否反応が起こるかもしれませんが、その繰り返しで、そうじの回数が減るから、ますます部屋に汚れが溜まるのです。

昔の、木と紙と土の、風通しのよい家と違い、今の新建材の家は気密性が高く、汚れが部屋にこもりがちになります。

食生活の変化もあって、油煙やホコリが混ざった汚れは、すぐに頑固な汚れへと変化して複雑になり、簡単にはとれにくくなるのです。

ものがあふれている暮らしは、片付ける手間と複雑化した頑固な汚れをゴシゴシとる労力、それぞれが数倍の負担になって、体も心も疲弊《ひへい》してしまいます。
〝面倒なそうじ〟から〝嫌いなそうじ〟、となるのは自然の成り行きかもしれません。
だからこそ、ものにあふれかえっている暮らしをなんとかしなければいけないという
ことに気づくはずです。

収納とそうじの深い関係

そうじの邪魔になるものを床に置いたり、外に出したりしておかないこと。
わが家の〝ラクラクそうじ〟のルールです。
いちいちものを移動することなくそうじに簡単に取りかかれる。
これこそ、手早く、さっと、いつでもそうじがラクにできる秘訣《ひけつ》。

前述したとおり、上手なそうじのコツは、汚れる前にさっとひと拭きすること。
これで、汚れが頑固になることを防げます。

何度も言いますが、複雑で頑固な汚れは、見ただけでそうじする気持ちがなくなります。

また、汚れを落とす時間と労力、気力を考えると、汚れる前の手軽で簡単な「さっとひと拭き」が、いかに大切かがわかるはずです。

キッチンのレンジ台や調理台にはものを置かない。

邪魔なものがないからこそ、料理の最中に鍋からふきこぼれた煮汁、フライパン料理で飛び散った油煙なども、すぐにその場で拭きとれる。

それが、手間がかからず、いつも誰が見ても〝ピカピカキッチン〟をキープできるわが秘訣です。

〝隠す収納〟と〝見せる収納〟

収納には、〝隠す収納〟と〝見せる収納〟があります。

わが家の〝隠す収納〟の分量は、スペースの70％と決めています。

空いた隙間に風が通るので清潔感もあり、ものも長持ち。

そうじもしやすく、何よりも取り出しやすいこと。

何がどこにあるかも自分で覚えておくことができるので、ものの管理が行き届きます。


一方の〝見せる収納〟も同じことです。

管理が行き届くよう、本当に好きなものだけに絞り込んで、コーナーごとに楽しむことにしています。

季節感を大切にし、暮らしにゆとりと潤《うるお》いを持つことは、心豊かな暮らしに欠かせません。コロナ禍で自宅にいることが多くなった今こそ、あらためて見せる収納は大切だと実感しました。

ただ、そうじのしやすさを心がけることは忘れないこと。

置くものを絞り込めば、それだけホコリも溜まりにくく、自分らしいコーナーができあがるはずです。

〝見せる収納〟は、厳選された定量のもの、しかも愛着のあるものなら、そうじも苦にならずに楽しめることでしょう。

収納とそうじは切っても切れない深い関係です。

管理の行き届いた収納なら、そうじはしやすく、また、そうじが苦にならない収納は、あなたにとって心地いい収納状態なのです。

〝スペース70％収納〟と〝手早いそうじ〟は、お互いがなくてはならないよき関係です。

ものを処分するルール

とはいえ、いきなり70％の収納を決断する前に、まず考えなくてはいけないことがあります。

これまで収納に対して100％（あるいはそれ以上）のものを持っていたわけですから、全部ではなくても、ある程度はものを処分しなくてはいけません。

ではどのようなルールで？

これを決めるのは自分です。

・必要かどうか
・好きかどうか
・自分の今のライフスタイルに合っているかどうか

これを基準にして、自分を納得させながら、捨てる、捨てない、を決めることです。

自分にとって〝必要なものかどうか〟を判断できるようになるには、私は「とことんものと付き合ってみてください」とアドバイスします。

私の経験でも、今家のなかにあるものに一つずつ目を向け、それを使いこなしていくと、ものに対する愛着も生まれ、ものを大切にするようになり、やがて上手にものを使いこなす知恵まで身につくのです。

それによって結果的に、不要なものは買わない、置かないと思えるような習慣が自然と訓練され、身につくはずです。

空きスペースを意識的に作る

私は部屋には、空間、つまり〝隙間〟や〝空き〟スペースをあえて作るようにします。

もちろん、ものが存在しないスペースです。

隙間があると風が通り、ものや部屋、人にも健康的です。

空間があると、そうじ機のノズルも入りやすいので隅々まできれいにでき、汚れも溜まらずつきにくく、いつもきれいです。


毎朝、窓を開け、新鮮な空気を部屋の隅々に通す。

これだけで、汚れにくい住空間になり、そうじも簡単です。

もちろん、床にも隙間にも余分なものが転がっていない。

その分、ホコリも少なく、そうじや手入れに労力も時間もかかりません。

自然の空気の流れがある部屋は、いつもきれいで清潔、心まで爽やかに軽くなるのです。

スペースに合わせてものを持つ

もしあなたが、ものを収納するために、押し入れ、キッチンのシンク下、食器棚、冷蔵庫、棚の間……と、隙間を見つけては押し込む収納方法をとっていたとしたら、それは上手なやり方とはいえません。

どこに置くかも考えず、新しく買ってきたものを、無造作に、しかも今までそこにあったものを奥へ押し込んで空いたスペースに詰め込んでいたら、当然ですが、ものは増える一方です。

そんなことでは、いざ使いたいときに、しまっていたはずのものが見つからない。

見つかっても、奥に突っ込んであるので、取り出しにくい。

同じようなものがいくつも出てきた。

そういうことになりかねません。

暮らしのなかでこんなことがいつも続けば、大きなストレスとなって、心温まる暮らしどころではなくなってしまいます。

ですから、家のスペースをまず意識しましょう。

どんな人も、それぞれの家のスペースは限られます。

家の大きさ、家族数、年齢などによって条件は違いますが、それぞれの暮らしにはものを置くスペースの限度がありますよね。収納スペースを誰しもがたくさん持てればいいですが、そういうわけにはいかないのです。

ある住宅メーカーの方が、建築主に「できるだけ広い収納スペースを」と希望され、その通りの家を提供したら、1年後に「収納スペースが狭い」といわれたと嘆いていました。

ものを基準に収納スペースを考えると、いつかは絶対に足りなくなります。

すると、この例のように「狭い」とぼやくことになるのです。

だからこそ、隙間を見つけて、少しでもものを詰め込みたくなったら、まず考えをあらためてみませんか。

つまり、〝持ちものに合わせて収納スペースを決める〟のではなく、〝収納スペースに自分の持ちものの数や量を合わせる〟のです。

そうすれば、ものが増えず、管理もしやすく、ものを探すストレスもかなり減ります。

70％収納を目指す

これまでのような、200％のものを100％のスペースに無理やり押し込んできた収納は、時代遅れです。

自分のスペースに合わせて、ものを選び、ものを持つ。

コロナ禍の時代を安全に安心して乗り切るには、そうじが苦にならず、いつも清潔で快適に暮らせる環境を作ることです。

そのための目安が、先程も少し登場した「スペースの70％収納」。

持っているスペースの70％の範囲を使える場所と決め、ものを所有するのです。

この目安を目標に、自分の生活に必要なものの数や量を決める。

つまり、自分の住まいの収納場所で、身の丈に合った暮らしを目指すのです。

スペースの70％とは、どのような暮らしの状態なのでしょうか。

端的に説明すれば、残り30％の空間が生まれ、そうじもしやすく、どこに何がどれだけあるかが一目瞭然。

自分の暮らしのなかにあるものにじっくりと向き合い、使いこなすことができ、無駄なものが重なることがない。

そんな状態が「スペースの70％収納」です。

これが、ものにも住まいにも優しく、さらに人も安心して暮らせる健全な状態なのです。

70％収納は、取り出しやすく、しまいやすい

ドイツに住んでいた頃、同じフラットの隣人の老婦人にクローゼットのなかを見せて

もらったことがあります。

衣類と衣類との間隔が4～5センチほどあり、どこにどんなものがあるかはっきりわかり、着たいものがすぐ取り出しやすく、手入れも行き届いていたのには感心しました。

それは、スペースに対して50％くらいの収納だったような気がします。

多くの衣類が雑然と押し込まれた、当時のわがクローゼットとは雲泥《うんでい》の差。

今思い出しても驚きと恥ずかしさがよみがえってきます。


彼女のように50％まで整理するのは難しいとしても、70％の収納であれば、できないことはありません。

では、70％の収納とは具体的にどのくらいの量なのか。

それは、衣類の間に適当な隙間があり、いつも風が通るような空間がある。

もちろん、一目で何がどこにあるかがわかる。

すぐ取り出せるので、外出時に、どの洋服を着るかなど悩むこともない。

そんな状態です。

これは、自分なりに、あくまでも全体から見た目安ということで構いません。

こうした状態は、管理もしやすく、汚れもすぐ手入れでき、長持ちします。

洋服もクローゼットもいつもきれいで清潔、そして心のイライラ感もなく安心して過ごすことができます。

クローゼット&押し入れの70%収納

ふすまや引き戸を開けたとき、すべてのものが一目でわかる状態を目指しましょう。

ゲスト用の布団や枕、シーツ類、オフシーズンの肌掛け用のタオルなどを入れた収納ケース。これらが整然と並んでいれば、使うときに取り出しやすく、しまいやすいはず。

また、押し入れやクローゼットの隙間に使っていないものなどを詰め込まないこと。

押し入れは湿気やすい場所なので、空間を作り、空気の流れをよくして、そうじも行き届くようにすることです。

クローゼットや洋服ダンスは、できれば今着る服を手前に、オフシーズンの服などは奥にしまうこと。

もちろん、洋服同士が重なり合わないように、丈や大きさをそろえ、できれば色も同系色同士に。取り出しやすく、しまいやすい量が70％の目安です。

ちなみに、私は、さらに仕事用の服と遊び用の服というように、目的別にしまいます。

こうすれば、その日の目的によって、悩むことなくすぐ取り出せ、ストレスからもフリーです。

冷蔵庫の70％収納

冷蔵庫も70％収納が大切。

食べるものは、衛生的に収納されることが一番です。

ものがぎゅうぎゅうに詰まった庫内は、どこに何があるかわかりにくく、そうじも行き届かず、不衛生になりがちです。

たくさんの食材のなかから必要なものを探して取り出そうとすると、扉を開けている時間が長くなり、その分、庫内の温度が高くなり、電気代も高くなるので不経済です。

でも、70％収納なら、こんな心配は無用。

取り出したいものがどの場所にどのくらい、どんな状態で入っているかがわかっていますから、扉の開閉時間も少なくて済みます。

日々のそうじが簡単にできるので、いつも清潔と整頓が維持できるのです。

では、冷蔵庫の70％収納は、具体的にはどんな状態なのでしょうか。

それは、奥のライトが見えること。

さらにいえば、どこにどんな食材がどれだけあるかがわかること。

そのためにも、新しいものを奥に、すぐに使わなければいけないものを手前にしまいます。

ちなみに、私は他のものを移動させないで、すべてのものが必要なときに、すぐ取り出せるようにするのを理想としています。

そうすれば、冷蔵庫内の拭きそうじをするときに、すべての食材を外に出さずに、庫内で左右にずらすだけで済むから。

これなら、そうじが苦にならず、いつもきれいに保つことができます。

拭きそうじの方法は、庫内の食品を片方に寄せ、空いた側の棚や壁をぬるま湯で固く絞ったタオルで拭きます。汚れが気になるときは、キッチン用の中性洗剤を溶かしたぬるま湯で拭くとさっぱりします。

ドアポケットの棚なども、ものがいっぱいなら、2～3個取り出し、少し隙間を作って、空いたスペースにものをずらす要領で。

このとき、必要なもの、そうでないもの、消費期限などをチェックし、処分します。

容器の底もきれいにすることも忘れずに。

このそうじは、簡単にできるので、気がついたときにはさっと拭く、と決めてやれば、いつもきれいな状態が維持でき、あらためて大そうじをする必要がなくなります。

冷蔵庫の70％収納は経済的にも優しい

冷蔵庫の70％収納をマスターすれば、日常の食材を買う際、経済的にもスマートになります。

上手な買いものとは、食材であれ日用雑貨であれ、洋服であれ、ムダがないこと。

一見、割安感のある特売品のまとめ買いが、暮らし方や家族数によってはそれほどメリットがないことがわかります。

たとえば、キュウリが5本280円だった場合、3本しか使わないと、2本がムダになります。

それなら、1本60円のキュウリをそのとき必要な3本分だけ買えば、経済的だし、ムダにせずに使い切ることができる。

こうすれば、冷蔵庫内も余分な食材を置かずにスペースも少なくて済みます。

また、スーパーやデパ地下で、買いものをする場合も、冷蔵庫内にしまうときのことを考えます。

たとえば、大根一本の下半分は大根おろしやサラダ、上半分は煮物にと、どこをどう使うかを決めておけば、野菜室にまるごと保存する必要もなく、サラダ用に下処理した部分は密閉容器に入れて冷蔵室へ、と計算できます。

葉物野菜などの場合は、葉先のほうからビニール袋に入れて置けば、そのまま冷蔵庫に入れられ、使うときにすぐ取りやすく便利ですよね。

キウイなどの果物の場合は、プラスチック容器だとかさばるので、容器は外して冷蔵庫には入れずに、かごに入れてキッチンに飾ります。そうすると、インテリアも兼ねてキッチンが華やかになりますし、必要なときにすぐ手に取ることができて数量も一目でわかるので買い足しの時期が容易にわかります。

もちろん、バナナやジャガイモ、タマネギなどの冷蔵庫に入れる必要のない野菜や果物についてはあらかじめ調べておきましょう。

こんなふうに、冷蔵庫に入れる前のいろいろな手間や工夫を考えておけば、あとでラクができます。

冷蔵庫内も70%、とルールを決めることによって、食材を上手に使い切る買いものの仕方も身につき、限られた狭いスペースを上手に使いこなせるようにもなります。

今ある材料を上手に使った節約料理の腕も、さらに上がるかもしれません。

食器棚にも工夫を

冷蔵庫同様、食器棚に関しても、70%収納を考えてみてください。

みなさんのご自宅の食器棚は、いろいろなカップ、グラス、お皿等々であふれかえっていないでしょうか?

器を取り出すときに、別のものを外へ出す必要がなく、ガチャガチャとぶつかる音がしない程度が、食器棚の70%収納だと思ってください。

収まっていない人は、数を減らすことを検討する必要もあるでしょう。

ちなみに私の場合は、普段使いと客用のものを同じにしました。

すると、食器の数が三分の一程度に減ったのです。

晴れの食器は大事にしまい込んでしまい、なかなか活躍の場がないもの。

だから、この際、毎日の食事でも晴れの日の上等の器で食べるようにしてみるのはいかがでしょうか。

ものも減らせますし、それだけで、普通のありふれた暮らしが、豊かに輝くような気がします。

キッチンは暮らしの鏡

ドイツ人は、キッチンがいつもきれいな家は、他の見えない場所も手入れが行き届いていると、信じているようです。

だから、どこの家もキッチンがピカピカに磨き込まれているのかもしれません。

日本でも、昔は、「嫁をもらうなら、その家の台所を見てから」と言われたものでした。

それほど、キッチンは、使う人の生き方、暮らし方を映す鏡なのです。

ドイツ人のキッチンがいつもきれいに片付いているのは、料理をしたあと、使ったものを元に戻し、汚れたら〝すぐ〟のそうじを怠らないからです。

フライパンやお鍋などのそれぞれの調理器具は、ガス台や電気コンロのそばにあること。

すぐ活躍できる場所にきちんと収納されていれば、すぐ取り出せ、使ったら元に戻すなど〝作業動線〟も短く、ラクになります。

これこそ、キッチンの収納の基本なのです。

キッチンツールは、〝立てて〟〝まとめて〟

狭いキッチンでは、フライパン返しやお玉、菜箸《さいばし》などのキッチンツールは花瓶のような入れ物に立ててまとめ、生け花のように挿して、窓際に飾るのもいいアイデア。

使うときにさっと洗って、使ったらまた手入れをして挿す。

料理をしながら、すぐ手に取れるので、便利で実用的なインテリア。

何があるかが一目瞭然なので、無駄なく収納できる方法です。


一般的な引き出しにそろえて入れる方法は、ホコリとは無縁ですが、いちいち引き出しを開け閉めするのが面倒なときもあります。

どこに何をしまったかを忘れ、お玉など同じものが何本も重なっていることもあります。


だから、「普通はこうだから」とあまり常識にとらわれないこと。

キッチンの使い方、広さによって、自分流の収納スタイルを考えるのも、マンネリ化しやすい家事が楽しくなるコツです。

ムダのない衣類の収納

ドイツに、「タンスは物言わない召使い」ということわざがあります。タンスはどんなものでも無言で文句を言わず、いくらでも受け入れてくれる。だから、タンスの身になって、自分で入れる量や種類を決め、決してぎゅうぎゅうに詰め込んではいけない、という教えです。

召使いだと思って、何でも手あたり次第に詰め込むのはいけません。タンスにも優しい思いやりがあれば、能力と役割を十分発揮し、ものも増えないし、長持ちするというわけです。

では、そんなタンスの収納はどうすればよいのかといえば、これも70%収納が基本。クローゼットや押し入れ同様、一目で何がどれだけ入っているかがわかるようにしておけると、隙間があるので風通しがよくなり、衣類が長持ちします。

また、引き出しにしまうときは、見え方にも工夫を。

Tシャツは引き出しの高さに合わせてたたみ、立てて色別に並べれば、すぐ着たいものが取り出しやすくなります。

カシミヤやウールのセーターなどは、前身頃《まえみごろ》（衣服の、そで・えり・おくみなどを除いた、体の胸と腹を覆う部分）に新聞紙や包装紙を置いたら、両そでを前身頃の側に折りたたみ、さらに裾《すそ》部分を首元に向かって折り上げ、丸めて〝ふんわり〟しまいます。

タンスの引き出しは、取り出しやすい真ん中の段には普段よく使うもの、下の段には重いもの、上には湿気を嫌うシルクやコットンなどの高級感のある素材のものを入れましょう。

ものが多いと暮らしが過不足に！

ものが多すぎることの問題は、暮らしすべてに不経済なことです。

そうじがしにくくなるので、ますますしなくなり、部屋がどんどん汚れて、不衛生で無駄なものであふれる暮らしになります。

前述しましたが、照明器具や天井が汚れると、部屋中にホコリや汚れが集まります。ものが多くてそうじが行き届かないと、照明器具に積もった汚れは、部屋を暗くし、効率も悪くなり、電気代も無駄になります。

エアコンも汚れやホコリが詰まると、効きが悪くなり、電気代もかさみ、寿命も短くなるのです。

一方、ものが少なくなれば、そうじも行き届くので、暮らしから無駄がなくなります。ものの量を自分で把握できていれば、同じ食材や道具を重複して買ったり、同じような服を買ってしまったりすることもなくなります。

管理が行き届けば、シャンプーや洗剤、ラップや靴下などの消耗品がなくなったことにも気がつくので慌てることもなく、安心して暮らせます。

この章で再三述べている70％収納は、暮らしがすっきりすることは言うまでもなく、無駄な買いものを省き、使いたいものが手元にない不安やストレスも解消してくれます。

もちろん、暮らしに対する余裕が生まれ、人生の考え方だって大きく変えてくれるのです。

ものを整理するときの基準

スペース70％収納のメリットについてはおわかりいただけましたか。

では、その準備を少しずつ始めてみませんか？

数年前のある調査では、日本の家のなかには、家具、洋服、調理器具など平均して一万個以上のものがあふれているという結果が出ています。

どのように調査をしたのかはわかりませんが、ぎゅうぎゅうに詰め込んでものがあふれている家にとっては、ものの数は無数で数え切れないかもしれません。

これらのもののなかには、日頃からよく使っているものもあれば、何年も押し入れや蔵の奥深くに、日も当たらず眠っているものもありそうです。
当然、持ち主さえもその存在を忘れてしまっているものも。
だから、まず自分の持ちもののチェックから始めてみましょう。

面倒であっても、種類別、場所別に、自分が現在何をどのくらい持っているかを知ることは、すべての快適生活への準備段階です。

そして、自分の持っているものを、振るいにかけてチェックしてみましょう。
チェックの基準は次の三項目を参考にしてください。

①今の暮らしにどうしても必要である
②これから使う予定がある
③いつか使うだろう

まず、この三項目のどれにも当てはまらないものは、捨てたとしてもあなたのストレスにならないものですから、すぐに処分してしまいましょう。

②に分類されたものに関しては、半年間程度の猶予《ゆうよ》を与えます。紙袋や段ボールに入れて、部屋の隅かクローゼットのなか、それも〝目につく〟ような場所に仮置きします。

半年後、本当に使う予定があればそれでいいし、そうでない場合はあっさりと処分することです。

バザーに出したり、ゴミとして捨てたり、ガレージセールで売ったり、処分の方法はいろいろありそうです。

私は、今使わないものは、大きめの紙袋に入れ、ゲストや知り合いに、「何か必要なものがあればどうぞ」と声かけをするようにしています。

まだまだ未練があるものを差し上げるのは、なんとなく後ろ髪が引かれる思いですが、そんなものこそ、「うちにいるよりも、他の場所で機会を与えれば活躍する可能性がある」と自分自身を慰《なぐさ》めるようにしています。

先日、近所の家の前に、古い家具やインテリアグッズを並べ、「ご自由にどうぞ」と書いた張り紙を見つけました。

なるほどいい考えだと感心しましたが、よく見るとまだまだ使えそうなものばかり。

数日後、その家の前を通ると、すべて〝完売〟していました。

こんなふうに、まだ使えるものは、それを必要とする人のもとで役に立つように使ってもらうほうがいい。

近所の方の〝ものを大切にする心〟が伝わるようで、私までが優しい気持ちになってしまいました。


ちなみに③の「いつか使うだろう」は、くせ者です。

私の経験からも、8割以上のものは、その「いつか」はこないものです。

「いつか」のためにものをとっていては、家じゅうにものがあふれることになります。

「いざ使うときになければ困る」という思いは、できれば半分捨てて、そのときはそのときだと割り切ってしまいましょう。

やってこない「いつか」とは、きっぱりと決別したほうがすっきりします。

少しずつ、自分を納得させながら、ものを処分することで、自分に必要なものの種類や量がわかってくるはずです。

つまり、一度にものを捨てていくのではなく、ものを整理しながら、少しずつ自分自身の整理をしていくのです。

それが、ものの整理がストレスにならないためのコツです。

一カ月何も買わない

せっかくものを整理しても、新たにどんどん増えるようでは、いつまで経っても片付くことはありません。

そこで、ものを増やさないことをゲーム感覚でやってみましょう。

ずばり、一カ月間、生活に必要なもの以外何も買わない。

日常の食料品は、必要に応じて買いますが、それ以外のものは、できるだけ「買わない」と自分に誓うのです。

この習慣をやってみると、自分の暮らしのなかで、何が必要で何がそれほどではないかがわかるようになります。

たとえば、私の場合は数種類の週刊誌、かつては週に一回必ず買い求めていましたが、最近は新聞広告の見出しで選ぶようになり、どうしても気になるものでも、コンビニや本屋で少し中身を見てからにするようになりました。

最近はコロナ禍で、外出そのものも少し減り、本屋にも頻繁には行っていませんが、結局、絶対ないといけないものではないと、あきらめるようにもなりました。


ものがまわりから少なくなると、自分の暮らしには、いかに無駄なものが多かったかに気がつきます。

たとえば、キッチンや洗面台、机の引き出しには、同じようなものがなんとたくさんあることでしょう。

目的もなく、100円ショップには立ち寄らないこと。

安かったからという理由でものを買わないこと。

こう決心すれば、使い切っていないもの、ラップやのりなどの日用品のストックが余分に何個も出てきたりすることがなくなります。

もちろん、一カ月何も買わないと、消耗品はなくなります。

ただ、一カ月何も買わないゲーム中のあなたは、やみくもに買うのではなく、買う前に余分なものはないかをチェックするようになります。

急に足りなくなったけれど、代用品はないかどうか、という具合に。

キッチンペーパーなどのように、今まで惜しみなく使っていたものが、乾いた布を代用したり、実はなくても困らないものなのだと気づくこともあるでしょう。

その他、使わずに遊んでいた密閉容器を使えば、食材の保存に欠かせないと思っていたラップだって使わずに済む。そんなふうに工夫やアイデアというのは、制限をつけてみると生まれてきます。

結果として、一カ月何も買わない習慣から、ものを大切にする生活感覚が生まれ、自分が今あるものを上手に使いこなしている喜びも育つはずです。

家のなかのものが無駄なく上手に使いこなされていれば、おそらく一カ月前に比べて、もの数や量、種類が自然と減っているはずです。

〝定量〟〝定番〟〝定位置〟

自分にとって、今何がどれだけ必要なのかを考え、ルール化することは、自分なりのライフスタイルを作ることに役立ちます。

これは、言い換えると、〝定量〟〝定番〟〝定位置〟。

自分でものを管理するため、そして70％収納を上手に行なっていくためには、この三つが基本的なルールです。

それぞれ見ていきましょう。

＊定量

以前、あるテレビ番組の取材で、子育て中のお母さんの住まいを拝見し、整理整頓についてアドバイスをしたことがあります。

彼女の悩みは、ものが増えるたびに隙間に置くラックやケースなどを購入し、新しい収納スペースを作り続けた挙句、何がどこにあるかわからなくなってしまうこと。見ると、増え続けたものが、家族が暮らすリビングやダイニングにまであふれている。見る限り、人間より、ものが威張って場を占領している家になってしまっていました。快適に、便利に暮らすためには、あくまでもそこに住む人が主人公のはず。ものはそのための友人であり道具なのです。

ですから、まずこのお母さんには、収納スペース以外の不要な隙間家具をできるだけなくすことからスタートしてもらいました。

一度に実行することは無理だとしても、できるだけ隙間にものを詰める習慣をなくす努力をしてもらうのです。

部屋の隙間を埋め尽くしている棚やラックはできるだけ少なくする。

自分や家族が快適に過ごすために、ものを入れるスペースを決める。

大切なことは、何度も述べてきた、「収納スペースは70%しか使わない」と決めること。その範囲で、ものの数を決め、簡単には増やさないことです。

そのためには、一個使い切ってから一個買う、ということを習慣にしていけば、ものの数や量が一定を保てます。

とはいえ、急にものが足りなくなった場合、どうすればいいの？　ということもあるはず。

その不安でついつい買い込まないために私が心がけていることは、たとえば調味料類ならば、なるべく中身が見えるものを選び、残りが半分ぐらいになるまでは絶対に買い足さない。ストックは持たない。

ラップやアルミ箔などのように中身が見えないものは、ストックがほしい場合でも一個までにとどめる。

つまり、定量に関しては、「ワン・ストック・ワン・ユース」と決めています。

＊私の定番

使わないものばかりを溜め込むもの持ちにならないためには、あなた自身にとっての〝定番〟を決めてしまいましょう。

自分の〝定番〟が決まっていれば、買いものでいらないものを無駄に増やしてしまうこともありません。

たとえば、私の〝定番〟は次のようなものです。

・洋服

少し前の私の洋服の定番色は、黒とグレー、白でした。

でも年を重ねた今、少し派手で明るい色のほうが、肌が若々しく見える（フランスの老婦人のように、加齢によるくすみやしわがごまかせる！）ので、今までの定番色に、鮮やかな色彩のスカーフやブラウス、Ｔシャツを重ねて着るようにしています。

定番が決まっているので、買うときも迷いがありません。

何を持っているかが頭のなかに入っているので、効率的な着まわしができます。

それに、これまでのものに、手頃な価格の流行の色合いのインナーを加えることで、これまでのものを大切に使い続ける満足感も少し出てきます。

・タオル

わが家のトイレやバスルームなどの水まわりのタオルは、ホテルのような白で素材はコットンと決めています。

たまには頂きものの白地に花柄も使うことがありますが、それでも基本は白地で素材はコットン地。

白は汚れがわかりやすく取り換えどきなどのバロメーターにもなります。

コットンは、肌に優しくフィットしてくれるのが選択の理由です。

・部屋の生花

部屋に飾る生花は、私の暮らしのなかでは心癒やされ休まるもの。

この10年以上、豊かな気分になりたいときは、思い切って豪華なカサブランカと決めています。

優しい香りで癒やされますし、一本で花が数個咲いているので、結果的に経済的で長持ちします。

・アクセサリー

アクセサリーもモチーフは、ヒョウか動物か花と決めています。

コレクションのなかには、パリで〝清水の舞台から飛び降りる気持ち〟で有り金をはたいて買った高級ブランドもありますし、そうでないものもありますが、素材はいつまでも飽きがこないように大切に使いたいので、金やプラチナ素材の本物を選びます。

一点豪華主義でほんのわずかに自分の定番を持っておく。そうすることで、それ以後の衝動買いに歯止めがかかるようです。

＊定位置

自分にとって定番を一度決めたら、それをすぐ変えないことです。

そして、それぞれのものに〝定位置〟、つまり〝住所〟を決め、使ったら必ず、元に戻すようにしましょう。

ものの住所を決めれば、使うときに取り出しやすく、しまいやすい。

住所があるわけですから、一目でものの状態を把握できます。

しかも管理しやすい。

トイレットペーパーや調味料、下着などの日常の消耗品は、量や数がなくなればすぐわかります。どこに何があるか置き場所が決まっているので、手伝いを頼む家族を始め、他人に伝えることも容易になります。

ちなみに、定位置を決める場合、自分にとって使いやすいことを第一に考えること。とくに年を重ねてくると、体に優しい、使いやすい場所や位置にあることが安心安全な暮らしにつながります。

布団は押し入れに、調味料は引き出しに、など今までの固定観念にとらわれず、今の自分にとって体も心もラクなように、ものの住所を決めることです。

毎日の布団の出し入れが大変と思えば、部屋の隅に重ねてしゃれた布をかぶせ、ソファ代わりに置くのも一石二鳥。体も気持ちもかなりラクになります。

＊テーブルの上

〝定位置〟に関連して、テーブルの上について。

食卓は気を許すと食べものがあふれるようになります。

そのため、私はテーブルの上がスッキリと片付くように、調味料や小物はひとまとめにし、おしゃれな籐《とう》のかごに入れています。

必要なとき、かごごとテーブルに運び、用が済めば、そのまま冷蔵庫に戻したり、調理台の見えない隅に移動したりしてしまうのです。

小物類のかごは、大きすぎず、取っ手がついているほうが持ち運びも便利でしょう。

ちなみに、イギリスのある調査では、食卓に食べものがあふれている家の人は大抵太っているそうです。卓上をあふれさせないように、ぜひ気をつけてください。

ものに役割を与える

〝定位置〟を意識して、ものの住所を決めたら、同時に役割を与えましょう。

毎日を快適に清潔に過ごすために、部屋をきれいに保つそうじは大切です。

でも、雑然とした部屋では、いくらそうじをしていたとしても、片付いているように見えにくいもの。だから、どんなものでも、そこに置かれている意味がちゃんとあることが大切です。

そして、それはつまり、ものは一番使う場所、すぐ取り出しやすい場所に置くことでもあります。

秩序正しい快適な生活にはとても重要なことです。

では、どんなふうに役割を持たせるか。

たとえば、私の大好きな椅子で説明しましょう。

私は、家のなかにある椅子には、それぞれ場所を決め、役割を持たせています。

もちろん、私がいかに〝快適に過ごせるか〟が、彼らの〝役割〟のポイントです。

朝食やブランチのあと、午後のお茶を楽しむ〝マイコーナー〟の椅子たち。

小さなバルコニーに置かれた椅子に座り、都会の喧噪《けんそう》からしばし離れ、自然の太陽から注がれる陽の光を浴びながらのテレワークやおやつタイム。

一日の終わり、疲れた心を癒やすため、ランプのそばのコーナーに置いた椅子に身を委《ゆだ》ね、音楽や読書を楽しんだり、何もしないでぼんやりしたり。

今回のコロナ禍で在宅時間が多くなったときは、それぞれの〝定位置〟で役割を持った椅子たちにどれだけ助けられ癒やされ、元気をもらったことでしょうか。


わが家のものは、こんなふうに決められた場所で、決められた役割を与えられ、いつでも〝活躍できる出番〟を待っています。

人も役割を与えられ、期待されれば、能力以上の仕事をやり遂げてくれるもの。

それはものも同様で、部屋のなかで人の役に立っているからこそ輝きを増すのです。

みなさんも家のなかのものに、定位置と役割を与えてみてください。

部屋とものの関係性がよくなって整理されている雰囲気も増しますし、「この場所にきたらこのもので気分転換」というように、気持ちの切り替えにも役立ちます。

家事の定量化

そうじのビジネスが軌道に乗り始めたとき、先程紹介した〝ものの定量〟だけではなく、家事すべてに〝定量〟の目安を持ってみては、と思い始めました。

そうすれば、もっと家事が効率的でラクにでき、苦痛でなくなるかもしれない、と。

というのも、そうじをサービスとして提供するのは、なかなか大変だったから。

プロのそうじは、主婦（夫）がやる自宅のそうじのようにだらだらと何時間もかけることはできません。

ですから、マニュアル化をして、いかに効率的に、時間内に、標準以上の結果を出すかが重要だったのです。

それに、何を基準に価格を決めればいいのか、当時は家庭向けのそうじ会社もほとんどなかったので、参考になるものがありませんでした。


そこで私は、場所別、汚れ別にかかる時間の平均値を出し、そこからサービスの価格を決定することにしたのです。

それが〝家事の定量化〟でした。


とはいえ、この定量の目安には個人差があります。

私が5分でできる仕事は、ある人にとっては10分以上かかるかもしれない。

あるいは5分以内で済ませられる人もいるでしょう。

ですから、みなさんもまずは自分自身で、自分がやる家事・そうじのかかる時間の目安を、自分なりに算出してみるのです。

では、どうするか。

簡単です。一度、自分の家事にかかる時間をストップウォッチで計ってみてください。

それが、考える家事、つまり〝家事の定量化〟のスタートです。

たとえば、キッチンの調理台を拭くのに2分かかるとわかったとします。

それならば、出かける前に2分以上の時間の余裕があれば、その時間で調理台を拭いておけば、帰宅時にきれいな調理台に対面でき、気持ちも晴れ晴れとすることでしょう。

また、シンクの水滴を拭くのに自分は3分かかるとわかれば、5分あれば、調理台とシンクがセットできれいにできます。


さらに、しっかりと気合を入れてシンクを拭く場合は5分、パパッとするなら2分、というように、そのときの労力の加減でも、自分なりの目安を作ってみましょう。


私の場合、畳一枚を拭くのに2分弱かかります。

ですから、10分以上の時間があれば、畳を6枚拭くことができます。

つまり、6畳の部屋なら、10分あればいいとわかります。

こんなふうに、家事労働の目安、定量化はどんどん作れます。

自分なりに、時間のあるときに意識して目安を作っておけば、ラクです。

またこうした家事の効率化の習慣は、〝家計の定量化〟にもつながります。

すでにやっている人は、一カ月の食費はいくらいくら、光熱費については夏はいくらで冬はいくらと、一年を通じてわかっているはず。

家計の収支については、細かくはいいとしても、大体の支出の目安を定量化しておくのです。

余裕のある月とそうでない月には、どのようなお金の使い方をすればいいか、などが自然に身につくはずです。

同時にお金の使い方の大切さもわかるかもしれません。

このように、ものとの付き合いだけではなく、家事全般の定量感を意識し、行動することで、自分らしい無理のない快適な暮らし方が見えてくるかもしれません。

もちろん、仕事のやり方にもよい影響が出てくるはずです。

心地いい玄関は暮らしの窓

家族やお客、誰もが目にして、通過する玄関。

その家の第一印象は玄関で決まると思っています。

脱ぎ捨てられた多くの靴が乱れて置かれている玄関のたたき。

それは、まさにその家の暮らしそのもののような気がするのです。


子どもの頃から、玄関の靴は脱いだら必ずそろえておくように、と厳しくしつけられました。

そのせいか、私は出かけるときはどんなに急いでいても必ず靴をそろえます。

それは、帰宅後の疲れた心がほっとするためにも大切です。

そんなふうに、どこかから帰ってきたときに、心が喜ぶ玄関づくりをしてみませんか？

たとえば私の場合なら――。
玄関の正面のテーブルには、部屋を広く演出して温かく迎えてくれるランプ。
季節を演出するための生花の小さな一輪挿し。
夏は、匂い消しも兼ね、散歩の途中で摘みとった〝ドクダミの花〟。
冬は、バラやカサブランカの花を一輪。
いずれも部屋に甘くて優しい香りを漂わせてくれます。

また、帰宅時に必ず通る場所のテーブルには絵皿を置いてみて、そこに自宅や森や海の家の鍵、セキュリティキー、それに車の鍵などを入れる。

そして、玄関のドアの横には陶器の傘立てを。ちなみにこれはいらなくなった花瓶を代用したもので、入れる傘は6本までと決め、それ以上は寄付したり、雨の日のゲストに差し上げたり……。

こんなふうに、玄関においても、ものの置き場所を決めつつ、それぞれの役割を明確にしながら、帰宅した自分がうれしくなる環境を作ってみる。ちょっとした心配りで、いつの間にかものであふれかえることもありません。

こんなふうにすると、限られたものへの愛着も深まり、今あるものをずっと大切に使い続けたいと思うようになるから不思議です。

靴とも、いい関係を紡ぐ

脱いだ靴は、人の足と同様に呼吸をしているので、一日履いたら必ず、二日休ませましょう。

一日履いたら、二日休養を実践している私の靴の寿命は、だいたい10年くらい。

靴だって連続して毎日履き続けていると、ホコリや汚れで、人間同様、〝呼吸不全〟になってしまいます。

人も靴も長持ちするには適度な休養が必要なのです。

ドイツに住んでいた頃、ドイツ人は靴と車をとても大切にすることに感心したことがあります。

靴も車も自分の分身のようにピカピカに大切に手入れをしながら使い続けます。

とくに自分に合った靴は足の健康生活に欠かせないので、修理や手入れをしながらできるだけ長く履き続けるのです。

靴の衝動買いは絶対しません

靴も気をつけていないと、好きな人はたくさん買いすぎてしまうもの。

だから、私も街でほしい靴を見つけたときは、まず「どの靴を処分するか」と、靴箱の棚に並んでいる靴を思い浮かべるようにしています。

処分する靴が決まらないと、新しい靴を置くスペースが見つからないからです。

この習慣が身につけば、収納スペースの靴が定量（70％収納）以上に増えないことにもつながります。

さらに、靴を買うときは、夕方と決めています。

足がむくんだ夕方に買うと、ぴったりと足に合った靴が見つかり、靴擦れも避けることができるからです。

ちなみに、ドイツでも日本でも昔からのおばあちゃんの知恵で、新しい靴を履く場合、かかとの内側に固形石けんを塗っておくと靴擦れ予防と消臭にもなります。

また、しまうときにも靴箱や下駄箱に香りのいい固形石けんを入れて置けば、消臭や害虫予防にもなります。

ものと時間の関係を考える

ものが多いとかなりの時間を無駄にしていることがあります。

すぐに使いたいものが見つからず、あちこち探しまわらなくてはならないので、必要以上に時間がかかります。

見つからなかったり、床に転がった乱雑なものでつまずいて転んだりもします。

すでにあるものを二重に買ってしまったり、買いものの時間が無駄になることだってあります。
そうじの労力もかかり、せっかくきれいになってもすぐまた同じ状態に戻って、そうじにかかった時間が無駄にもなります。

こうした少しずつの時間も、塵も積もれば山となります。
失った時間は二度と戻りません。
では、どうすれば、ものに無駄な時間を費やさなくて済むのでしょうか？
それには次の四点を意識してみましょう。

・必要なものがあるべき場所にあること
・いつも手入れが行き届いていること
・いつでも気持ちよく使えること
・自分の管理できるだけの数や種類を持つこと

つまり、ものとの関係を簡素に、簡単にすれば、付き合うための無駄な時間が少なくなり、ものも増えず、いつも快適な暮らしになるはずです。

思い出のあるもの

年を重ねると、その分〝思い出のあるもの〟が増えるのは当然です。

長く持ち続けたもののなかには、一見ガラクタのようでも、それなりの〝思い出〟が詰まっていて手放すのにかなりの決意が必要なものが多い。

だから、ものを処分すると言うよりも、思い出を整理整頓し、自分なりに別れを告げる必要があります。

〝あの頃の思い出〟は、むしろ、ものにではなく心に問いかけることで、明日への希望につなげていく努力をするよう、自分に言い聞かせることです。

そうは言っても、簡単に、古い思い出をキッパリ捨ててしまうことはできません。

少しずつ、処分できるものから整理するのです。

今を生きるために元気づけられ、勇気が湧いてくるような思い出は残し、苦しく重荷になるようなものは手放して解放していく。

ガラクタを眺め、〝あの頃はよかった〟という懐古ばかりでは、年をとってきた自分とよかった頃とを比べるだけで、むしろ後ろ向きな気分になりそうです。

昔はむかし、現実の今の自分をどう元気に輝かせるか。

ものを整理しながら、過去の思い出も一緒に、今必要なものを選び整理整頓していくのです。

生きている限り、いくつになっても前向きにのびのびと過ごすことは必要なことです。

そのために、思い出のあるものを上手に整理する。

それによって、心と身体が軽くなり、安心と勇気、そして元気が湧き上がってくるかもしれません。

4章

ストレスを軽くする
さりげない知恵

暮らしのなかにある、ちょっとしたイライラ・トラブルを解消しましょう

中高年世代になるとこれまでと違い、ちょっとしたことができにくくなってイライラが募《つの》る瞬間を発見することがあるものです。

若いときや忙しく働いていたときは感じることがなかったような、小さな不便からくるイライラ……。

家に居ても落ち着かず心が乱れる生活は、安全で安心な暮らしとはいえません。

また、毎日の暮らしというのは、どうしたっていろいろなトラブルが起こり得ます。そんなとっさのトラブルに際して、人の助けがなくても、自分で簡単に解決できる方法を知っていると、イライラせずに安心して処理できそうです。

そこで、この章の前半では、暮らしのトラブル解決の知恵をお伝えします。

イライラを招く要素やトラブルの要因は、我慢することなく、それこそものを処分するような気持ちで、一つひとつ解消していきましょう。

それぞれはささやかなことですが、知恵のストックがあればあるほど、毎日の生活が楽しく豊かになっていくはずです。

針に糸が通らないときには

急いでいるときに限って、ボタンが外れているのを発見したり、スカートやパンツの裾にほころびを見つけたりすることがあります。

そんなとき、裁縫《さいほう》箱の洋服に合う糸を選んで通そうとしても、なかなかうまくいかないもの。

だから、私はあらかじめこんな場合を想定しておき、各色の糸の色を針に通して用意しています。こうしておくと、すぐ手に取れて便利。

全部でなくても、白と黒の糸などよく使う色のものは、必ず針穴に通して用意しておくと、とっさの応急処置に使えます。

もちろん、言うまでもありませんが、苦労なく糸が通せる針穴通しグッズも裁縫箱にそろえておくと安心です。

新聞や本の文字が読みづらくなったら

以前に比べて文字が読みにくくなってきたとき、もちろんめがねの度数を上げることも一案ですが、他にもやることがあります。

たとえば、これまで薄暗いキャンドルやランプなどのロマンチックな部分ライトを愛用していた人は、視力の衰えと同時に、実用的で目に優しいデスクライトにチェンジしましょう。

そして読書をする場所も、家のなかに読書コーナーのような場所を作り、そこに限定する。そこには、ライトはもちろん、小さな文字を読むのに役立つ拡大鏡なんかも備えておくと便利です。

夜はそこでのんびりと読みものをすると、心も満たされます。

眠りが浅いと感じた場合

人間の体が年を重ねると消耗するように、ベッドだって古くなればマットレスも少しずつ変形して寝心地が悪くなります。そんなとき、あなたも睡眠不足に悩むことがあるかもしれません。

私自身、古いものを大切にすることは大事だと思っていますが、寝具の場合は、思い切って新しいものに変えると、その違いが明らかになるかもしれません。

とはいえ、いいマットレスなどは高価なもの。あまりお金を使いたくない人もいるかもしれません。

ですから、来客用などにほとんど使わずにしまっておいた古い敷き布団等がある人は、処分する前にマットレス代わりに敷いてみてはどうでしょう。

意外と体にフィットするかもしれません。

ドアや引き出しが動かしにくいときの対処

重くて固いものを動かすときというのは、瞬発力がいります。

それこそ、無理をすると関節を痛めたりすることがあるもの。そうならないためにも、あらかじめドアや引き戸などの建具の不具合は、チェックしておきましょう。

ラクに動かしたり引き出せるよう、不具合の箇所を削ったり、さび止めやロウを塗ったりして、原因を突き止めるのです。

たとえば、最近は戸建てでも少なくなってきましたが、古い木造の家にはまだまだある雨戸の場合、滑りが悪くなって朝夕の開け閉めが大変になったら、卵の殻を利用します。

卵の殻を細かく砕き、ぬれタオルで包み、雨戸のレールと溝を拭くと、滑りもよくなります。

また、部屋の敷居の滑りの場合は、敷居にロウを塗れば解決。ロウやヤスリがない場合でも、スプーンの背中で敷居を強めにこすれば滑りがよくなります。

「必要なものがすぐ見つからない」をなくすには

必要なものがすぐ見つからない、をなくすためには、何度も言いますが、ものに住所を決め、使ったら必ず元の位置に戻しましょう。

住所を決める場合の基準は、よく使うものは、すぐ手が届く場所に置くこと。たとえば、そうじ道具は、そうじをする場所の近くにあれば、きれいにしたいと思った瞬間に、すぐ手に取って使える。使ったら必ず手入れをして、元に戻せば、次回必要なときにも気持ちよく手に取れます。

そうじ機のゴミパックも、そうじが済んだあとに、チェックし取り替えておけば、機械も心も軽やかです。

ちなみに、2階以上の戸建ての場合、軽くて使いやすいコードレスそうじ機を各階に置いておけば体もラクです。

快適に暮らすには、必要でないものを片付け、いつも使うものだけにし、身のまわりをシンプルに整理整頓することを心がけることも大切です。

ものが見えづらいなら

誰もが年齢とともに視力の衰えを感じるものです。

先程、文字が読みづらいときの項でもいいましたが、お出かけのときも携帯用の拡大鏡をバッグに入れて持ち歩くと、外出先でも役に立ちます。

ペンライトも、レストランなど明かりが暗い場所でメニューを読んだり、慣れない場所に移動するときに足元を照らせるので、一つ持っておくと安全です。

騒音が気になって仕方がない場合

街のなかに住んでいると少々の音には慣れているはずですが、それでも時折、急に始まった近所のマンション工事の音がうるさくて、家に居ても落ち着かないことがあります。

そんなときは、やっぱり耳栓が便利です。

もちろん、薬局などでも売っていますが、飛行機などを利用したときは、機内で配られる耳栓を捨てずに、こんなときのためにとっておきましょう。

耳栓は、夜の道路の騒音、家族のラジオやテレビの音なども防いでくれます。

もちろん、聞きたくない耳障りな〝雑音〟も！

匂いのマネジメントが必要なとき

不快な匂いの種類は、人や国によっても感じ方が違います。

ドイツに住んでいた頃、アパートの共有の廊下に必ず消臭スプレーをまいている隣人がいました。もともとそのスペースは、窓がなく、かなり換気が悪かったのは確かですが、そうはいっても、その人がスプレーをまくのは、決まって私がゴミ袋を持って階下のゴミ捨て場を往復したときだったのです。

いつも気持ちよく一緒にお茶をしていた隣人なので、悪意はないと思いつつ、最初は、〝わが家のゴミの匂いが気になるのか〟とかなり落ち込みました。

あとでわかったのは、どうやらその人は、日本人の食卓特有の焼き魚やあぶったスルメの匂いを忌《い》み嫌っていたそうなのです。

以来、生ゴミを捨てるときには、新聞紙で何重にも包み、消臭スプレーをかけ、その上からビニール袋をかぶせ、匂いが外に漏れないように細心の気配りをして運ぶようになりました。

もし、ご近所との間で匂いに関するいざこざがあれば、そのぐらい気を遣って対処してしまったほうが、かえって自分も気がラクです。

ちなみに、そのドイツでの隣人の家に午後のお茶に招かれると、コーヒーカップを差し出す彼女の手から、上等な香水のような匂いが香り、その匂いは手だけでなく部屋にも漂っていました。

聞けば、人を迎えるときは、あえていい香りのする化粧石けんでよく手を洗っていたとのこと。

彼女のように、無香より少し香りの強い化粧石けんで手を洗えば、部屋中に香水のような香りが漂い、不快な匂い消しにも一役買ってくれそうです。

面倒な庭の掃きそうじのコツ

秋になるとわが家の小さな庭にある桜の木の落ち葉そうじが大変でイライラします。

花はいいとしても、枯れ葉が溜まるとご近所にも迷惑です。

そこで、玄関脇に使いやすい柄の長いほうきを準備し、毎日少しずつやることにしたのです。

コツは、落ち葉を溜めないこと。

掃く面積を決め、少しずつ毎日やることで労力もそれほどかからないことがわかりました。

〝塵も積もれば〟もお金ならいいですが、落ち葉は山のように溜まると道路脇の溝のなかで朽ちたりもして、不衛生にもなります。

時間を決め、少しずつ掃き除いていけば、それほど苦になりません。

足元が寒いときにするといいこと

足元が寒いときは、部屋全体の暖房も一案ですが、それよりも厚着をしたり、部分カーペットを使うほうが経済的です。

椅子に座って仕事や書きものをする場合、足元用の小さな電気カーペットが便利。数時間で切れるタイマー付きを選べば安心です。

靴下は、長めの毛布のような厚手のものを重ね、上着は、軽くて保温性に優れた腰まである大きめのものを羽織ります。

デザインを気にする人は、薄くて保温効果のある下着を試しましょう。

また、立ち仕事の人は、仕事後に足元が冷え、イライラすることがありませんか。

こんなときは、〝足湯〟が解決してくれます。

酢を少量垂らした熱めのお湯で、長めの足湯を試してみましょう。

温泉につかった気分で、だんだんと体じゅうがポカポカになってきます。

クローゼットやタンスの消臭がしたいとき

扉や引き出しを開けた途端、内側にこもった嫌な匂いが！

こんなときは、温めた牛乳をコップに入れ、クローゼットや引き出しのなかに置いてみましょう。

半日後、ちょうど牛乳が冷めた頃には、嫌な匂いがスッキリと消えています。

それでもとれない匂いの場合は、引き出しやクローゼットの中身を取り出して、レモンかお酢を少量入れたぬるま湯で拭きましょう。

もし取り外せる引き出しの場合は、そのまましばらく風通しのよい外で陰干しをします。

ちなみに、木製の家具は変形の原因になるので、早く乾かしたくても、直射日光は、避けましょう。

テーブルの変色が気になったら

簡単に買い換えることもできず、見るたびに気になるテーブルの変色。

よく使うテーブルの変色は、気に入っているものであるほど、気分が落ちる原因になったりもします。

ですから、普段から、〝テーブルの使い方マナー〟として、次のことを心がけておきましょう。

まず、テーブルの合板《ごうばん》は、熱に弱いものが多いので、お鍋などの底が熱いものは直《じか》に置かないこと。わかっているけど、やってしまう人が多いのです。必ず、鍋敷きを近くに用意し、その上に置くことです。

ちなみに、たまに、急いでそばにある新聞紙などの紙を重ね、熱いお鍋の下に敷いてしまうことがありますが、これもインクが溶け出してテーブルに張り付いてしまうので、厳禁です。

そして、日本酒などのアルコール類は、こぼしたときには、必ずすぐに拭きとっておくこと。

そのままにしておくと、白い跡が残ってしまいます。

テーブルについたコップや食器、鍋の輪染みは、元通りにすることは難しいもの。でも、目立たなくすることはできます。

たとえば、ニス塗りテーブルや木製の机についた白い輪染みは、タオルにマヨネーズをつけて、優しく丸く磨くように拭きます。

また、大理石のテーブルについた輪染みは、タオルにレモン汁と塩をつけて、磨きます。

こうすることで、落ちにくい輪染みも、人目につきにくい程度まで薄まります。

包み紙のセロハンテープがうまく剝がれないなら

きれいな包み紙は、大事にとっておきたくなるもの。

でも、包装紙に貼られたセロハンテープを剝《は》がそうとすると、紙まで一緒に破れてしまうことが。

そこで、そんなときは、低温のアイロンを上から当てていくと、きれいに簡単にとれるようになります。

ただし、整理整頓できないくらい包み紙のストックが多くならないように気をつけましょう。

包み紙も紙袋も、ストックの枚数と収納スペースを決めることです。

切手を剝がしたいとき

最近は、手紙をやりとりすることも減ったかもしれませんが、それでもここぞというときの連絡では、今でも気持ちが伝わりやすい手紙を使います。

でもそんなとき、先に切手を封筒に貼ったのに、宛名を書き損じてしまう、という経験はないでしょうか？

そんな場合でも対処法はあります。すでに切手が貼ってある場合、その封筒ごと冷蔵庫に入れて、10分くらいそのまま置いてみてください。

切手ののりが乾燥し、剝がれやすくなるのです。

他にも、水のなかに入れる方法もありますが、ぬれた切手を乾かす手間も時間も余分ですから、やはり冷蔵庫を使うのが一番です。

鍵穴がまわりにくいなら、この道具

少し年季の入った扉やドアの鍵が、すんなり差さりにくくなったり、まわりにくくなったり、ということはないでしょうか？

こういうときも、身近な道具でスムーズにすることができます。

使うのは、２Ｂ以上の濃い鉛筆。

鉛筆の芯を鍵にこすって粉を塗るだけで、鍵の表面がつるつるになって、よくまわるようになります。

瓶のふたが開かずに困ったら

年を重ねると、握力も弱まり、ジャムや蜂蜜《はちみつ》などが入った瓶のふたを開けるのに一苦労することがあります。

とくに一人暮らしで、そばに頼める人も居ない場合は大変。食べたいものの瓶のふたがすぐ開かないと、不便でイライラします。

もちろん、最近は専用の便利グッズもあるのですが、夕飯を作っている最中にそうしたものを買いに行くわけにもいかないもの。

ですから、そんなときは、輪ゴムを使ってみましょう。

瓶入り食品のふたに、輪ゴム二本を固く巻くと、あまり力を入れなくても簡単に開けられるようになります。

ちなみに、もっと年を重ねたら、他人の力も遠慮なく借りてしまいましょう。

ペットボトルのキャップも、握力が低下すると開けづらくなるものですが、70代後半の私の知人は、コンビニでペットボトル入りの飲みものを買うと、その場ですぐ店員さんに開けてもらうそうです。

なるほど、このように日常の不便を手伝ってもらい解消するのも、一人暮らしの高齢者の〝年の功〟と、感心しました。

畳に白い粉をこぼした場合

畳の目に白いパウダーや蚊取り線香の灰をこぼして詰まってしまった経験はないでしょうか？

細かい粉は、畳の目やへりから、入り込んでいってしまうので、なかなか面倒なものです。

でも、そんなときは、慌てずに詰まった部分に塩を振りかけ、上からたたいてみてください。

そうして浮き出てきた粉を、そうじ機で吸いとればきれいになります。

そうじ機をかける際は、必ず畳の目に沿ってかけましょう。

古い写真がくっついてしまった場合

写真など、最近はパソコンに保存整理できるようになり、格段に便利になりましたが、面倒なのは長いこと重ねてしまっておいた古い写真です。

いざ、整理しようと思うと、くっついてしまうこともあり、慌てて剝がそうとすれば、せっかくの思い出の一枚が破れてしまいそうです。

でも、こんなときも、慌てずにぬるめのお湯に浸《ひた》してみましょう。

しばらく待てば、うまく剝がれていきます。

ぬれた写真の表面は、拭かずにそのまま陰干しにしてください。

縫い針がさびてしまったら

しばらく使わなかった針。

いざボタン付けをしようと取り出せば、なんとさびているではありませんか。

こんなときは、アルミ箔を丸め、刺したり抜いたりこすったりします。

すると、さびた針の表面が磨かれ、ピカピカになります。

アルミ箔は、手軽な砥石の代わり、というわけです。

ついでながら、用済みのアルミ箔は、丸めてキッチンのゴミ入れに入れておくだけで、イオン効果で水アカや湯アカのぬめりがつきにくくなる効果も。

料理が好きな私は、アルミ箔は、手軽な包丁研ぎにも使っています。包丁が切れにくくなってきたと思ったら、固く丸めたアルミ箔に2〜3回、包丁を通すだけ。

もし砥石がなかったとしても、かなり切れ味が改善されます。

ろうそくは使う前にひと手間を

ドイツでは、午後のティータイムや食事のテーブルには必ずろうそくの明かりが登場します。

ろうそくのゆらゆら揺れる炎は、ロマンチックな雰囲気を演出し、お酒やお茶、食事が数倍もおいしくなるような気がします。

ただ、真っ白いテーブルクロスの上にろうが垂れると、あとの手入れが厄介ですよね。

そこで、ドイツのおばあちゃんの知恵を借りましょう。

新しいろうそくは、必ず塩水につけ、よく乾かしてから使うのです。

こうすれば、ろうが垂れにくくなり、テーブルクロスが汚れなくて済みます。

切り花を長持ちさせたいなら

そうじの行き届いた清潔な部屋に、生花があるとなんとなく心がゆったりして落ち着きますよね。

とはいえ、切り花の生花はどうしてもすぐ枯れてしまうもの。入れ替えるのも手間になります。

そこで、癒やしの切り花の生花を少しでも長持ちさせる、次の三つの方法を知っておくと便利です。

①切った茎《くき》の根もとを火であぶる
②花瓶のなかの水に砂糖を少量入れる
③花瓶の水のなかに10円玉を2~3枚入れておく

ちなみに観葉植物の葉は、牛乳を薄めた液をタオルにつけて拭くといいです。葉の表面につやが出て、葉の栄養にもなり、ホコリも同時にきれいになります。

手荒れに悩んでいる場合

パソコン操作や家事、最近は、コロナ感染予防で手の消毒をすることが多くなりましたが、そうするといつの間にか手がガサガサになっていたりします。

手は年齢が出やすいので、やっぱり気をつけたいもの。

いくつになっても手肌の手入れは、怠らず、気を抜かず、が大切です。

では、具体的にはどうするといいか。

手が荒れたら、牛乳を洗面器に入れ、熱めのお湯で5～6倍くらいに薄め、このなかに手を入れ、両手でこするようにマッサージをしてみてください。

マッサージが終わったら、乾いたタオルで拭きとります。

すると、手肌がしっとりとなめらかになり、手荒れ予防にも。

足のかかとや膝《ひざ》や肘《ひじ》のカサカサにも効果があります。

唇が荒れるときには

コロナ感染予防のマスク着用で、口紅をつける回数は減りましたが、乾燥する時期は、唇の荒れを防ぐためのリップクリームは必要です。

とはいえ、なんでもいいかというと、そこは疑問も。

私は、市販のものより、唇の荒れには、蜂蜜をおすすめします。

殺菌作用もありますし、そもそもが自然の食材なので、安心して手軽に使えます。

風邪の予防には

自分なりの風邪の予防対策をしっかり心得ておくことは大切なことです。

〝医食同源《いしょくどうげん》〟といわれるように、普段から免疫力を高める緑黄色野菜を多くとって、健康な食事を心がけることです。


風邪の予防には、ビタミンA、ビタミンC、そして体を温めてくれる脂肪が大切。

そして、うがい、手洗いを十分に。

手洗いやうがいは、コロナ感染予防で、ウイルスがのどや口のなかに入らないようにするためにも大事です。

また、うがいをすることで、風邪の大敵であるのどや口の粘膜《ねんまく》の乾燥を防いでくれます。


風邪のひき始めには、おろしたショウガに蜂蜜を加え、熱湯を注いだものが効果的です。

日本のおばあちゃん直伝でおなじみの昔からの知恵です。

ショウガには、のどの痛みなどをおさえる作用があります。

私は、〝風邪っぽい〟と感じたら、常備食の〝ショウガ蜂蜜〟に熱湯を注いで飲みます。自家製ショウガ蜂蜜といっても、細く刻んだショウガを蜂蜜の瓶のなかに入れただけの簡単なもの。

あとは、熱い風呂にさっと入り、暖かくした布団にくるまって早めにベッドへ入ることです。

心身を癒やしてくれる半身浴

日本人はお風呂好きですが、疲れたときは半身浴も効果があります。

肩までつかる全身浴は、心臓に負担がかかりますが、みぞおちの下までの半身浴は肌も心もリラックスできます。

半身浴は、ゆっくりと温まることで、全身の血行をよくし、冷え性にも効果があるといわれています。

入浴時間は、額に汗が出るまで。温度は40度くらいのぬるめがいいとされます。

浴室が寒いときは、肩にタオルをかけましょう。

薬草風呂のすすめ

四季のあるなかで暮らす日本人としては、季節感を大切にしながら、安全で安心した毎日を過ごしたいもの。

だからこそ、心身ともに疲れたと感じたら、季節感いっぱいの薬草風呂がおすすめです。肌や心のトラブル解消にも効き目があります。

いくつかご紹介しましょう。

＊しょうが湯

しょうがを細かく切って、小さな布の袋に入れ、湯船に浮かべます。血行がよくなり、神経痛や足腰の痛み、冷え性にも効きます。体の芯からポカポカと温まるので、風邪予防や心身の疲れにも効果が。

＊ミカン風呂

冬至《とうじ》の日には、体を温め風邪予防のために、ゆず湯に入る習慣がありますが、ミカン風呂も同じ効果が期待できそうです。

よく洗って天日で干したミカンの皮を、布の袋に入れ、湯船に浮かべます。冷え性にもカサカサ肌にもよく効きます。

＊桃の葉湯

子どもの頃、実家には大きな桃の木がありましたが、手入れもしないその木には、一回だけ見事な桃がたわわに実ったきり。翌年からは〝待てど、暮らせど〟、実はならず、青々とした葉っぱのみ。

そこで、ある夏の土用の日に、父は大きくて青々とした葉を選び、細かく刻んで大きな布の袋に入れ、湯船に浮かべたのです。

昔から、土用の日には、桃の葉湯に入る風習があることを父が知っていたのかどうか、わかりませんが、子どもたちは大喜び。

桃の葉に含まれているプルペルシチンは夏の肌荒れやあせもに効果があるそうです。夏の疲れを癒やしてくれ、あせもなどの薬効にもなる昔ながらの健康の知恵。

こんな日本人の古い知恵も、知っておくといいかもしれません。

＊菖蒲湯

端午《たんご》の節句には菖蒲湯《しょうぶゆ》に入ります。

毎年この季節になると、スーパーやデパ地下では、菖蒲を見かけます。

細かく刻んで布袋に入れるもよし、私は面倒なので、束ねた菖蒲をよく洗い、そのまま湯船にポーンと入れます。

菖蒲の香りがほんわかとバスルームに漂ってくると、体だけではなく心までほぐれてくるもの。

肌荒れを緩和してくれ、風邪もひきにくくなるそうです。

体を温める野菜と冷やす野菜

野菜には体を温めるものと冷やすものがあることを知っておくと、体のトラブル予防にもなりそうです。

温める野菜の代表例は、タマネギ、ニラ、ニンニク、カボチャなど。
冷やす野菜の代表例は、トマト、ナス、キュウリ、レタスなど。

最近は、どんな野菜も一年中手に入りますが、自然界はよくできたもので、体を温める野菜の旬は寒い季節、冷やす野菜は暑い季節のものが多いようです。

できるだけ、身体のトラブルを防ぐため、旬の野菜をバランスよく食べたいもの。

冬は、野菜は煮物や味噌汁、スープにして食べると、体を温め健康的です。

夏は、冷水で冷やした野菜が、体温を下げ、熱中症予防にも効き目がありそうです。

果物を甘くするりんご

ビタミンCが豊富なキウイ。

買ってきた時点で熟していればいいですが、なかには完熟前で少し固いものもあります。

そんな、まだ固くておいしくなり切る前のキウイは、りんごと一緒のかごに入れて保存しましょう。

りんごから出ているエチレンガスが、果物が熟すのをうながし、甘みを増してくれるのです。

体も心もナチュラルケアで

昔からある身近なものを利用した〝おばあちゃんの暮らしの知恵〟は、ややもすると薬に頼りがちな現代の暮らしに、安全で安心できるいろいろなヒントを与えてくれそうです。

とくにコロナ禍の今、〝自分の健康は自分で守る〟という強い気持ちで暮らすことも大切かなと思います。

ここまでの暮らしのトラブル解決の知恵に続いて、この章の後半では、そんな自然の力を活用したナチュラルケアの知恵について、綴《つづ》ってみたいと思います。

切り傷にはお茶の葉を

小学1年生の初めての運動会の前日、外で遊んでいた私は、転んで足首に切り傷ができ、血が吹き出るような怪我をしてしまいました。

明日は楽しみにしていた短距離競走があります。

その夜、母はお茶の葉を口のなかで噛《か》み、柔らかくなった葉を患部に貼ってくれ、その上から〝怪我よ、飛んでけ〟と右手をかざしておまじないを唱え始めたのです。

1時間くらい経った頃、血も止まり、傷口の痛みも和らいできました。

茶葉には、止血と殺菌の効果があるのです。

やがて、私は気持ちよく寝入ってしまいましたが、母のおまじないは一晩中続き、翌朝はすっかり元気になり傷の痛みも忘れるくらいでした。

おかげで、得意のかけっこで一等賞を取り、ゴールで私を迎えてくれたのは母の満願の笑み。

ずいぶん昔のこの光景は、今でもはっきりと覚えています。

現在でも、切り傷ができてしまったときは、茶葉で応急処置をしてみることがあります。

とはいえ、あのとき私の傷の痛みが和らいだのは、母の〝愛情パワー〟が加わったからかもしれません。

やけどの応急手当

料理好きで、そそっかしい私は、小さなやけどはいつものこと。

まず、慌てず、5分程度は水道水を流しながら患部を冷やします。

大抵の軽いやけどは、そのまましばらく置くと、ほてりが消えていきます。

それでもどうしても気になるようなら、ジャガイモやリンゴなど身近な食材を使って応急手当を。

ジャガイモは、薄く切った切り口をそのまま患部に貼っておきます。

リンゴも同様、薄く切って、患部にあてます。

ジャガイモ、リンゴは、温まったら、何度も取り替えます。

リンゴは、消炎作用があるので、やけどによる痛みや熱を取り除いてくれるそうです。

とはいえ、もちろん大きなやけどは、すぐ病院へ行ってくださいね。

青あざやたんこぶに砂糖

さらにそそっかしい私は、家具などに手足をぶつけ、知らないうちに手足の青あざを発見！　ということがよくあります。

でもそんなときは、スティックシュガーを取り出し、湿らせた砂糖を青あざにすり込んで応急処置します。

すると、何日か後には、痛みも一緒にどこかに消えてしまいます。

大人になってから、たんこぶには縁がないと思っていたら、先日、森の家のロフトの低い天井に頭を思い切りぶつけ、大きなたんこぶを作ってしまいました。

そういえばと、スティックシュガーを取り出し、少しぬらして患部にすり込むように塗ってみました。

痛みも取れ、翌日には腫《は》れも引いていました。

これらの応急処置は、昔からの〝おばあちゃんの知恵〟です。

わが家では、コーヒーや紅茶に砂糖は使わないので、余ったスティックシュガーは捨てずに〝薬〟や〝料理の下ごしらえ〟用にとっておくことにしています。

口内炎には米酢

最近、年のせいか口内炎ができやすくなったと嘆く友人に、「米酢でうがいをしてみて」と話したところ、治りが早かったと感謝されました。

ご存知の方も多いでしょうが、酢には殺菌力があるので、口のなかのばい菌をやっつけてくれるのです。

とはいえ、酢が苦手な人も少なくないでしょう。そんな人は水かぬるま湯で薄めてみてください。

目の疲れを感じたら

パソコンやスマホなどで作業ややりとりをしていると、目が疲れるもの。

そんな疲れを感じたとき、私はニンジンで作った〝キャロット・ラペ〟を食べます。

もちろん市販のサラダも便利なのですが、自分で作れば、それこそ安全安心。

細く切ったニンジンを塩でよくもみ、オリーブオイルとレモンで和《あ》えるだけなので、特段手間もかかりません。

ニンジンに豊富に含まれているビタミンAは、目の疲労に効果があるといわれています。

みなさんも、疲れ目なときは、ニンジンを積極的にとってみてください。

疲れたときは玄米茶

疲労を回復する方法は人によっていろいろありますが、私は、「疲れた」と思ったら、玄米茶を多めに飲むことにしています。

ビタミンB群を含んでいる玄米茶は、疲れた体を元気にしてくれます。

煎茶に比べ、玄米茶はお値段も手頃で、カフェインも少なめ。手軽にガブガブ飲むにはぴったりです。

蚊に刺されにくいドクダミ茶

蚊に刺されにくい体質があるそうです。

昔から、それにはドクダミ茶が効果的だといわれています。

ドクダミは、初夏の頃になると、道端のあちらこちらでよく見かけます。

昔から薬草として傷の手当てなどに使われてきたこの植物。

葉を採り、晴天の日に天日でカラカラに乾燥させたら、缶や茶筒に保存し、時折熱いお湯を注いでは飲んでいます。

森の家には、ドクダミ茶を常備していますが、このお茶を飲んでいると、庭に出て草取りをしていても、なぜかヤブ蚊に刺されません。

相性の悪い食べ合わせ

昔からよく言われるのは、ウナギと梅干し。

食べ合わせのよくない代名詞として知られていますが、どうやらこれは根拠がなさそうです。

むしろ、梅干しによって食欲が増してしまい、ついウナギを食べすぎてしまうので、それを注意喚起するための意味なのかもしれません。

ちなみに、これもよく言われる天ぷらとスイカの食べ合わせは、脂質の多い天ぷらのあとに、おなかを冷やすスイカを食べると、胃腸を壊し下痢をするという意味。

生ものと柿というのは、冷蔵庫がなかった昔は、刺身やカニなどの腐りやすいものと消化の悪い柿は、食中毒になりやすく注意が必要だった、ということです。

このように、昔からの悪い食べ合わせの言い伝えは、〝食べすぎ〟と〝食中毒〟に注意という意味での知恵が多かったそう。

最近の飽食の時代では、空腹は〝最高の栄養〟とも言われますが、いつの時代も食べすぎは不健康のもとだったようです。

相性のよい食べ合わせ

昔から言われるよい食べ合わせについては、今でも私たちが日常に取り入れているものが多くあります。

たとえば、とんかつの脇に添えられているキャベツ。

キャベツに含まれる食物繊維には、とんかつの脂質の吸収を抑えてくれる役割が。加えて、ビタミンU（キャベジン）が消化を助けてくれます。

ちなみに、食べる順番は、まず野菜のキャベツからがいいそうです。

その他にも、刺身とわさびの取り合わせなども、昔からの知恵。

冷蔵庫がなかった昔の人は、殺菌作用の強いわさびで生ものの食中毒を防ぐ工夫を凝らしたというわけ。

これは、今の私たちの生活に受け継がれ、わさびは、衛生面はもちろん、味覚のうえでもなくてはならない、新鮮な刺身との組み合わせとなっているのです。

アロエは便利な万能薬

西洋のおばあちゃんの知恵にも登場する万能薬のアロエ。

風邪、胃腸障害、やけどなど用途は広く、「医者いらず」とも言われます。

水やりなどの面倒な手入れがほとんどいらないので、私も鉢植えをベランダで育てています。

これは、郷里から母を呼び寄せ同居するようになったとき、母が大切に育てていたアロエの一鉢が増え続けたもの。

母が亡くなって15年以上経った今でも、アロエはますます元気に上を向いて大きく成長しています。

胃が疲れたときなどは、煮沸したり、乾燥させたりしてアクを抜いてから食べてみてください。

それでも食べにくいと感じた場合は、少量の蜂蜜を混ぜてみると食べやすくなります。

ちなみに、アロエには種類がいろいろとあるので、アロエベラやキダチアロエと呼ばれる種類のものを選んでみてください。

弱った胃腸には大根の葉

スーパーやデパ地下で、葉つきの大根を見つけたら、うれしくなります。

味噌汁《みそしる》の具としても貴重なビタミン源ですが、すぐ葉を切り落とし、よく洗ってから青汁を作るのです。

新鮮な青汁は、弱った胃腸を元気にしてくれる働きがあります。

夏は冷蔵庫で冷やし、レモンやオレンジを絞って混ぜると生臭さも気にならず、おいしくいただけます。

お肌の手入れに蒸しタオル

コロナ感染予防で、マスクをつけるようになって肌荒れが少なくなったという人がいます。

なるほど、マスクが蒸しタオルの代わりになり、外敵のホコリから守ってくれるのかもしれません。

それに、どうせ顔が隠れるのだからと、余分なものをつけなくなり、化粧水や乳液などの基礎化粧品だけで済ませるので、肌が健康的になるのかもしれません。

ちなみに、肌の手入れは、〝毛穴を開いて、閉めて〟が基本です。

一日の終わりに、熱いタオルで顔を蒸らすと、疲れた肌も心もリラックスします。

そのあと、たっぷりの化粧水をつければ、翌朝の肌が見違えるようにみずみずしく若返ったようになります。

肌荒れケアにはスイカ

アウトドアスポーツが好きな私は、日中に紫外線をたっぷり浴びた夜は、スイカの皮でマッサージ。

疲れた肌にスイカの水分が潤いを与えてくれます。

スイカを食べたあと、冷蔵庫に保存しておいたスイカの皮を適度な大きさに切り、その皮の白い内側で、肌全体をくるくるマッサージします。

あとは、水かぬるま湯で流すだけ。

ただし、完全な天然化粧水ですから、日持ちはしないので、スイカを食べた日か翌日くらいまでが消費期限と思ってください。

水分の多いスイカは、お金のかからないエコで手軽な天然の化粧水です。

乾燥しやすい中高年の私の肌にも、翌朝のしっとり感がかなり期待でき、おすすめ。

他にも、昔ながらのお肌の手入れには、世界共通のキュウリのパックなどもあります。

輪切りにしたキュウリを顔に貼る古くからの方法は、ほとんどの高齢女性なら祖母や母から一度は伝え聞いたことがあるはず。

〝お肌をしっとりさせる〟手軽な天然美容法として、ぜひ身につけてください。

不安を和らげ、解消する

老いも若きも、年齢を問わず、不安がまったくないという人は、まずいないでしょう。人生というのは、この先何が起こるか、誰にもわからないものです。

健康の問題、お金の問題、そして家族関係や対人関係、仕事の悩み、老後の身の処し方……とりわけ、年を重ねると、不安の質や悩みの数は、増えたり、変化したりするものです。

とはいえ、やみくもに悩んでも仕方がありません。

考えてもどうしようもないことと、ある程度は解決できるものとを区別することは大切。不安の正体をはっきりさせ、見つめることです。

新型コロナウイルス一つとっても、不安に怯《おび》えて心や体の病になるよりは、その本質を見つめ、予防策をしっかり習得して、それを実践するほうが健全です。

コロナも人生も、不安に対して今できることをしっかり準備し、それを確実に実行しておけば、あとは、野となれ山となれと、そのとき考えればいいのですから。

この章の最後は、私の不安との向き合い方を、ほんのちょっとご紹介します。

老後のお金の問題への向き合い方

賃貸マンションに住んでいる知人が、「これから先、老いていったときに、家賃をいつまで払っていけるかと不安になることがある」と嘆きます。

でも、こうした不安は、漠然とさせたままでいては、決して消えることがありません。

ですから、現在の自分の資産を一覧表にして、正確に把握してみることです。

もし100歳まで生きると仮定したら、払い続ける家賃の目安が立つでしょうし、もしそれで不足する見通しがわかったならば、今からもう少し安い住まいを探すことも一案かもしれません。

お金というのは、自分の現実なのだということを意識することです。持っている以上のお金は使わないこと。

キャッシュレス決済などと世間では持て囃《はや》していますが、そうした電子マネーやクレジットカードというのは実感のないままに、必要以上に使ってしまいがち。

ですから、年を重ねたら、できるだけカードではなく、現金主義に立ち返ることを私はおすすめします。

そうやって、現金を支払うたびに財布のなかを見れば、経済状態を自然と意識できますし、それ以上無駄に使うことがなくなります。

自分の資産の現実を見つめ、その範囲内で必要な対策を講じることで不安は解消されるのです。

ちなみに、ちょうど先日、60代の友人の家に、区役所の職員だという男性から、「還付金が返ってきますので手続きしてください」という電話があったそうです。

そんな重要なことを書類でなく電話で知らせてくるのはおかしいと思った友人は、「そんな数万円の端金《はしたがね》なんていらない！」と言ったとのこと。

すると、電話の向こうの〝職員〟が、「なんてことを！」と怒りだし、一方的にガチャンと電話が切られたのだとか。

友人が区役所に職員の名前と部署を確認したところ、名前も部署もでたらめで、「やっぱり還付金詐欺だった」と苦笑いをしていました。

でも、こうした詐欺はだまされてしまう人がいるから、なくならないのです。

そして、そのだまされる人というのは、日頃からお金の不安を持つ人。少しでも得したいと思っているから、そこにつけ込まれて、どう考えてもあやしい話にコロリとだまされてしまうのです。

お金に関しては、中高年になったら高望みせず、地に足をつけましょう。友人のように、「老後は、貯金より借金がないことが大切」くらいのおおらかな気持ちで生きるほうが、だまされず安全に暮らせるような気がします。

老後の健康不安への向き合い方

漠然とさせておかない、という意味では、お金だけでなく、健康についても同じです。定期的にしっかりと健康チェックを受け、何か問題があれば、早めに栄養指導を受けるなり、医師の指導のもとで薬を飲むなりの何らかの必要な対策をとればいい。

そのうえで、どこか自分の体に気になることがあれば、普段の健康や食生活に気を配ればいいのです。


そして、基本的なことさえやっていれば、あとは成り行きに任せて、ケセラセラくらいの気持ちも大切。

何かあれば、前向きに、明るく、「なるようにしかならない」くらいの気持ちで過ごすことです。

それでも、なんだか前向きになれないという人は、不安解消にもつながりますから、今日から自分のできる範囲で体を動かしましょう。

でも、「走ったりなんて自分には……」と思った方、ジョギングばかりが運動ではありません。

とにかく、心身とも元気になりたければ、活力の源としての散歩がおすすめです。

散歩好きなイギリス人やドイツ人は、高齢者でも天候に関係なく定期的な散歩を楽しんでいます。老夫婦が仲よく腕を組んで、毎日同じコースを散歩する姿は微笑《ほほえ》ましい限りです。

何歳になっても、毎朝、定期的に新鮮な空気を吸って歩くだけでも、リラックスでき、筋力も鍛《きた》えられます。

早足で歩けば、立派な有酸素運動にもなります。

しかも、毎日15分でも定期的に歩くことで、体重もコントロールできるはずです。

もちろん、無理をせず、ラクなスケジュールで、長続きする健康生活を楽しむことです。

心配を和らげる方法

いくら考えても何の解決方法にもならないとわかっていても、あれこれ考え込んで悩んでしまうことがあります。

時間が経てば、あんな時代もあったと、不安や心配をなつかしく思い出せるに違いないと頭では理解できても、今はもうどうしようもない心のざわつきや苦しさをおさえることができない……。

肉体的疲れは、休めばとれますが、このような精神的疲れは、気づかないうちに心に病みを広げてしまいがちです。

こんなとき、心配や不安が心に広がって苦しくなるのを、少しでも和らげる方法を知っておくと役に立ちます。

私の場合、もやもやしたら、すぐに体を動かすことにしています。

まず、簡単なヨガ風ストレッチを10分程度しながら大きく手を空に向かって伸ばし、深呼吸します。

それでも心が落ち着かなければ、散歩に出かけます。

行く先は、明治神宮と決めている。

ゆっくり歩けば、数時間コース、都会にいながら森林浴もできます。

ときどき、野鳥の声に耳を傾け、立ち止まって大木を見上げたり、とにかく身体を動かし行動するのです。

動くことで、頭を稼働させない、つまり考えることをしばらく止めてしまうのです。

以前は、不安や心配事があると、よくナンプレをやっていましたが、かえって頭を使って疲れるので、今は写真の美しい外国の雑誌をパラパラめくってぼんやりと眺めたり、北欧のラブサスペンスを読んだりします。

ちなみに、ラブサスペンスを読むときは、ストーリーが非現実的で、これまでの自分なら〝ありえない〟〝くだらない〟と決めつけていただろうものを、あえて選びます。

しばし、非日常的な甘く美しい夢の世界に浸ると、思い詰めていた目の前の心配事が少し和らぎ、映画〝風と共に去りぬ〟のヒロインのように、「明日、また考えればいい」と思えてくるのです。

明るく前向きの気持ちさえ失わなければ、「今は、どうしようもない」ことも、やがてその先には笑顔で過ごせる日々が待っているかもしれない、と思えてきます。

そう、暗い夜のあとには、必ず、明るい夜明けがやってくるのです。

エピローグ

人類の歴史は、自然災害や疫病《えきびょう》との苦難の闘いと共存の繰り返しでした。

とくに疫病や感染症は、生活水準が上がった現代でも、今回のコロナ禍のように突然の脅威となり、人々に恐怖をまき散らしました。

今までとまったく同じままではいられない――。

そうした状況のなかで、新型コロナ後の世界は、これまで当たり前だった社会のルールや生活様式をまさに変えようとしています。

しかし、幸か不幸か、結果としてそのことが、限界がきていた働き方やひずみが溜まっていた暮らし方を、根本的に見直そうとするきっかけになりそうです。

今回のコロナ禍で家に居る機会が増えたとき、自分の暮らし方や生き方を振り返り、これからどうするのかを真剣に考えるうち、私自身、ご無沙汰している人やしまい込んでいるうちのなかのものを、もう一度振り返りたくなったことがありました。

なつかしい人にはメールや手紙を書いたり、家じゅうの古いものを引っ張り出して不要なものを片付けたり、再利用したりもしました。

そうした作業を通して、自分の生きてきた足跡をもう一度考えたい、という熱い思いに駆られたのです。

私が20代の頃、国鉄（現在のＪＲ）が、ディスカバー・ジャパンなるキャンペーンを始め、話題になったことがありました。

当時の若者たちは、その広告に触発され、鉄道を使って自分発見への旅に競って出かけたのです。なぜだか、そんなこともふと思い出されました。

もちろん、年を重ねた今、当時の若者のような無邪気さや心躍るわくわく感のような気持ちにはとてもなれません。でも、今回のコロナ禍は、自分の受け取り方次第では、現在の自分や暮らしを再発見をする、ちょうどいい機会になるような気がするのです。

人との接触が減ったぶん、近くの自然に触れ、土や木々の香りを嗅《か》ぎ、季節の変化を体全体で感じてみる。

そんなふうに、これまで人間が培ってきた、日常生活にあふれている自然科学に裏づけされた知恵や工夫を再考し、温故知新の精神であらためて取り入れてみるのもいいかもしれません。

みなさんにもこの機会に、明日へのよき暮らしのヒントのあれこれを、少しでも前向きに挑戦してみていただきたいのです。

この本では、そんな思いを込め、私なりに日々親しんでいる〝古くて新しい〟暮らしのレシピをご紹介してきました。

明るい将来に向かって、よき暮らし方への転換のヒントにしていただければ幸いです。

２０２０年11月

沖　幸子

50過《す》ぎたら、住《す》まいは安全《あんぜん》、そうじは要領《ようりよう》

令和2年11月10日　初版第1刷発行
令和3年3月20日　　　第2刷発行

著　者　沖《おき》　幸《さち》子《こ》

発行者　辻　浩明

発行所　祥《しょう》伝《でん》社《しゃ》

〒101-8701
東京都千代田区神田神保町3-3
☎03(3265)2081(販売部)
☎03(3265)1084(編集部)
☎03(3265)3622(業務部)

印　刷　堀内印刷

製　本　ナショナル製本

ISBN978-4-396-61747-9 C0095　Printed in Japan
祥伝社のホームページ・www.shodensha.co.jp

祥伝社　好評既刊

沖 幸子の
50過ぎたらシリーズ

全国書店
にて
発売中！

《黄金文庫》

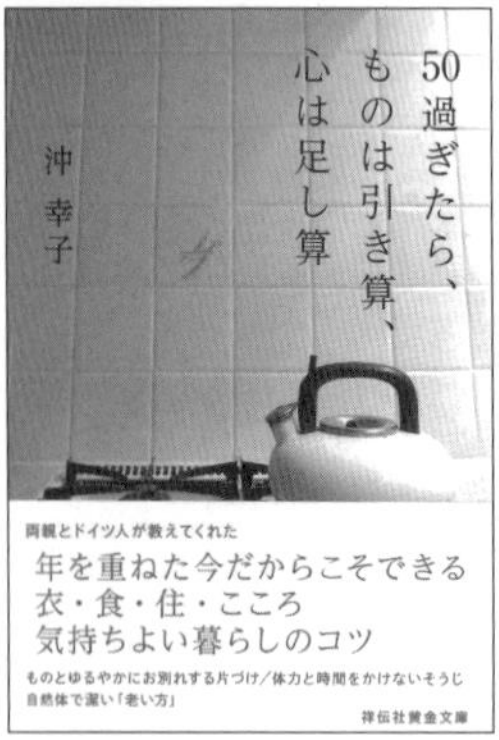

『50過ぎたら、
ものは引き算、心は足し算』

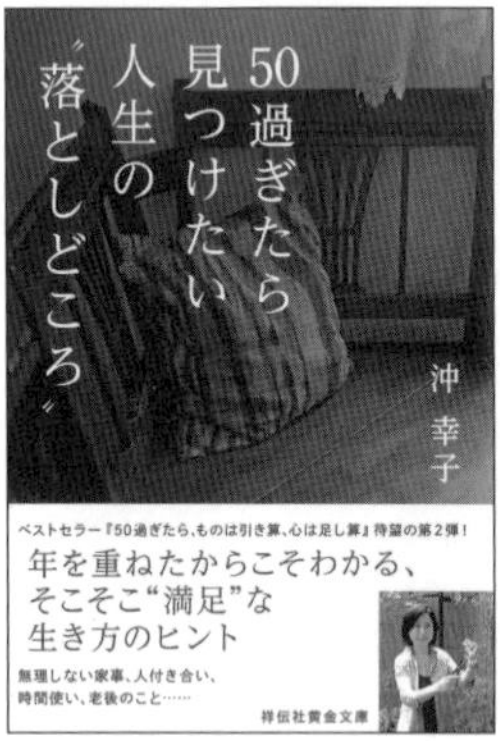

『50過ぎたら見つけたい
人生の“落としどころ”』

『50過ぎたら、
家事はわり算、知恵はかけ算』

《単行本》

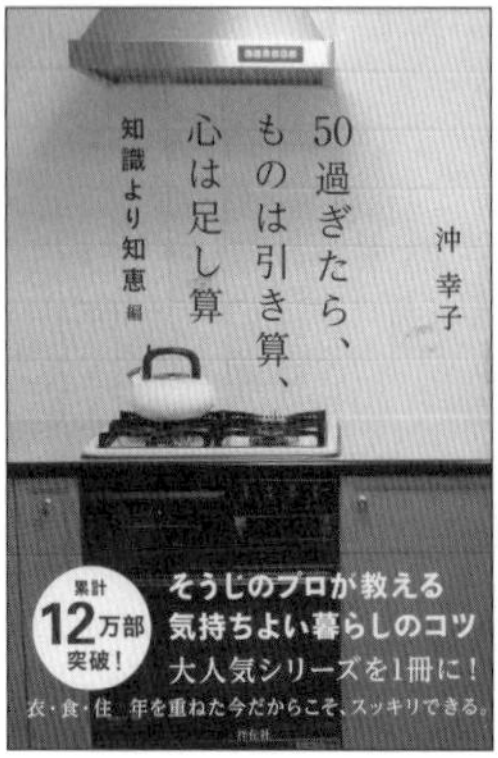

人気文庫シリーズを1冊に凝縮！
『50過ぎたら、
ものは引き算、心は足し算』

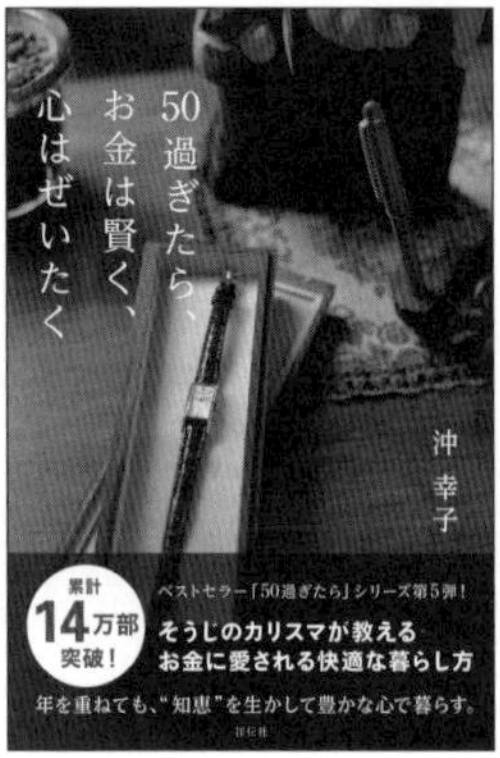

『50過ぎたら、
お金は賢く、心はぜいたく』

『50過ぎたら、
暮らしは単純、気持ちは豊かに』